EDUCAÇÃO EMOCIONAL

João Pessoa, 19 de setembro de 2006

OBJETIVA

CLAUDE STEINER, Ph.D.
com PAUL PERRY

EDUCAÇÃO EMOCIONAL

Tradução de
Terezinha Batista dos Santos

OBJETIVA

Título original
ACHIEVING EMOTIONAL LITERACY

EDITORA OBJETIVA LTDA., rua Cosme Velho, 103
Rio de Janeiro – RJ – CEP: 22241-090
Tel.: (21) 556-7824 – Fax: (21) 556-3322
www.objetiva.com.br

Capa
Pós Imagem Design

Revisão
Tereza de Fátima da Rocha
Damião Nascimento

Editoração Eletrônica
Textos & Formas Ltda.

S822e
Steiner, Claude e Perry, Paul
Educação emocional : um programa personalizado para desenvolver sua inteligência emocional / Claude Steiner e Paul Perry. – Rio de Janeiro : Objetiva, 2001

199 p. ISBN 85-7302-161-6
Tradução de : *Achieving Emotional Literacy*

1. Psicologia – Emoções. 2. Inteligência emocional.
3. Autodesenvolvimento. I. Título

CDD 152.4

Para minha mãe
Valery,
cujo coração desejei alcançar

Agradecimentos

ESTE LIVRO É A CULMINÂNCIA de vinte anos de trabalho. Literalmente centenas de pessoas tiveram uma participação maior ou menor.

Quero agradecer primeiramente a Eric Berne, por me aceitar como discípulo e ensinar-me quase tudo que sei como psicoterapeuta.

Mais do que em todos os livros que escrevi antes, este foi o resultado de um trabalho em equipe bastante íntimo. Agradeço a Jude Hall, minha editora assistente, que, além de fazer uma edição crítica destas páginas em suas muitas versões e revisões, acrescentou exemplos, sugestões e idéias, tornando meu texto mais elaborado e atuando como minha consciência filosófica e intelectual ao longo deste trabalho.

Sou grato a Nat Sobel, primeiro de uma série de agentes a quem procurei com este projeto, por visualizar um livro capaz de atingir um grande mercado e zelar pelo processo de criação do começo ao fim. As sugestões e influência suas e de Laura Nolan permeiam este livro.

Obrigado a Paul Perry que, para qualificar-se como co-autor deste livro, leu tudo que escrevi, mergulhando na minha vida para depois produzir um primeiro rascunho, a partir do qual foram efetuadas as inúmeras mudanças desde então. Seu talento para extrair os elementos essenciais de meu trabalho conferiram a este livro sua forma e estrutura atuais, espero que acessíveis.

Um muito obrigado especial a Fred Jordan, meu editor na Grove Press há muitos anos, atualmente diretor executivo da Fromm International Publishing Corporation, que se mostrou muito acessível, ao alcance do telefone, proporcionando conselhos valiosos para a proposta, a negociação e as etapas de confecção do livro. Considero-me afortunado por ter contado com a sabedoria e a generosidade de um mestre como esse em minha equipe. Agradeço também a Ron Levaco e Charles Rappleye que rivalizaram em sábios conselhos em algumas encruzilhadas estratégicas ao longo da jornada.

Obrigado a Deirdre English e Gail Rebuck pelo apoio constante durante os muitos anos de meu processo de criação até que este livro encontrasse um agente e editor. Agradeço a Beth Roy, Mimi Steiner, Rod Coots, Bruce Carrol, Ron Levaco e Saul Schultheis-Gerry pela leitura e os muitos comentários do manuscrito final, e a Ramona Ansolabehere, Charles Rappleye e Michael Hanigan, pelos valiosos comentários críticos sobre o texto. A leitura de Adriane Rainer, fundamentada por muitas horas de trabalho editorial anterior sobre este trabalho, foi especialmente valiosa.

Ann McKay Thoroman, minha editora em Avon Books, também fez parte da equipe e mostrou seu apreço ao livro desde a primeira hora, perseverando com interesse infatigável e trabalho árduo. Fez diversas leituras críticas do livro, mostrando-se inteiramente disponível sempre que necessário e muito carinhosa comigo quando, ocasionalmente, as coisas ficavam difíceis.

Quero agradecer a todas as pessoas que, nesses anos, participaram de seminários, *workshops* e terapia de grupo e individual, bem como a todos os meus amigos e parentes, que compartilharam suas experiências de vida comigo, proporcionando-me informações que vieram a servir de base para as afirmativas feitas neste livro. Estendo os agradecimentos especialmente ao meu núcleo familiar e seus cônjuges; a meus filhos Noemi, Eric e Denali, a meu irmão Miguel e minha irmã Katy e, finalmente, a Jude Hall, minha noiva e editora assistente que, por muitos meses, mostrou-se acessível para discussões sobre partes do texto ou o que quer que fosse necessário para estimular-me a prosseguir até a conclusão deste livro.

Quero expressar um muito obrigado especial aos inúmeros guerreiros emocionais em todo o globo, dentre eles Marc Devos, Becky Jenkins, Ron Hurst, Denton Roberts, Beth Roy, Hartmut Oberdieck, Noemi Steiner e Elisabeth Cleary.

Retornando à década de 60, quando essas idéias nasceram, agradeço a Nancy Graham, primeira a usar o termo “educação emocional”, do qual imediatamente apropriei-me, passando a usá-lo desde então. Agradeço a Hogie Wyckoff, por ajudar a dar forma aos conceitos do Pai Porco (hoje Pai Crítico) e da Economia do Carinho. Hogie foi também o primeiro a insistir na importância da honestidade para um estilo de vida cooperativo. Bob Schwebel merece um agradecimento por introduzir a cooperação em meu pensamento, bem como Marshall Rosenberg, primeiro a ressaltar a importância da conjugação de ações e sentimentos.

Quero agradecer a todos os membros do Centro RAP, de Berkeley, que contribuíram com suas vidas e idéias para as teorias apresentadas neste livro, em particular a Becky Jenkins, Carmen Kerr, Hogie Wyckoff, Robert Schwebel, Joy Marcus, Rick de Golia, Sarah Winter e àqueles que juntaram-se a nós mais tarde, Sandy Spiker, Eric Moore, Darca Nicholson, Melissa Farley, Mark Weston, Marion Oliker, JoAnn Costello, Beth Roy, Randy Dunigan e Barbara Moulton.

Finalmente, agradeço a David Geiseinger, que me mostrou que a qualidade do diálogo mostra o valor de um relacionamento, a Chris Moore, por esclarecer-me acerca dos mais recentes argumentos filosóficos sobre a natureza da verdade, e a Marc Devos, por sugerir que o treinamento em educação emocional deveria ser dividido em três etapas: abrir o coração, coligir informações e assumir a responsabilidade.

Sumário

Introdução

Todos nós já ouvimos relatos impressionantes de recuperação: o alcoólatra incorrigível que se torna abstêmio e não poupa esforços para prestar auxílio aos dependentes do álcool, o espancador da própria esposa que se regenera e passa a colaborar em instituições de defesa da mulher, ou o capitalista ganancioso que se torna um filantropo de primeira e defensor da ética nos negócios. Minha história não é muito diferente. Eu era um exemplo vivo de insuficiência emocional e hoje dedico minha vida a estudar as emoções e ensinar a educação emocional.*

Fui criado na Cidade do México, para ser um macho europeu tradicional. Ignorava não somente minhas próprias emoções, mas as emoções daqueles com quem me relacionava. Olhando para trás, eu diria que muitas de minhas atitudes eram insensíveis e magoavam as pessoas que me cercavam. Para piorar as coisas, fui educado para ser um cientista, cuja formação estimula o distanciamento e o pensamento racional dissociado das emoções. Não pensem que decidi estudar psicologia porque estava interessado nos sentimentos das pessoas. Na verdade, a psicologia me atraiu porque eu acreditava que ela me daria poder sobre as pessoas; eu poderia ajudar, mas ao mesmo tempo dominar.

Como parte da formação de psicólogo, tive de aprender a perfurar a espinha dorsal de cinco rãs com um arame, a fim de destruir a medula espinhal. Enquanto cumpria tão medonha tarefa, disse a mim mesmo que, para ser um verdadeiro cientista, era preciso sufocar minha repugnância.

---

* Optou-se pelo emprego da expressão educação emocional, em que pese a semelhança com o conceito de inteligência emocional, como o conjunto de aptidões emocionais que adquirimos ao longo de uma formação voltada para a compreensão dos sentimentos próprios e alheios. (N.T.)

Mais tarde, tomei parte em experiências nas quais ratos não eram alimentados, para que pudéssemos conhecer suas reações à inanição severa. Como resultado desse aprendizado, tornei-me duplamente desinteressado, de meus próprios sentimentos e dos sentimentos dos outros. Eu demonstrava, lamento ter de dizê-lo, um desinteresse particular pelos sentimentos das mulheres da minha vida.

Em que consistia esse estado de profunda ignorância emocional? Em retrospecto, vejo-me como alguém que tinha paixões, mas não vínculos verdadeiros com as pessoas; alguém que demonstrava pouco respeito, arrependimento ou culpa na maneira de tratar os outros. Jamais desfrutava de alegria constante, e nunca me lembrava de meus sonhos. Nunca chorava. Embora tivesse um QI respeitável, quando olho para mim no passado vejo um imbecil emocional, um jovem com baixo QE (quoeficiente emocional).

Hoje posso afirmar que realmente percorri um longo caminho desde meu começo tão sombrio. Fui apresentado a minhas emoções, ou melhor, topei com elas em fins da década de 60. Como um explorador que se depara com uma terra exótica, fui tomado de assombro e fascínio ante o panorama emocional dentro e fora de mim. Posteriormente, decidi fazer das emoções tema de constante investigação no exercício da psicologia.

Continuo tentando compreender as emoções. Embora uma ampla gama de sentimentos humanos ainda não esteja clara para mim, considero essa busca louvável, bastante prazerosa e, acima de tudo, estimulante para minhas relações pessoais e profissionais.

Emoções e Poder Pessoal

Na sociedade moderna, de modo geral associa-se poder a controle, sobretudo à capacidade de controlar pessoas e/ou dinheiro. Quando pensamos numa pessoa poderosa, por exemplo, imaginamos um industrial ou um político astuto, raramente uma mulher. Visualizamos um atleta famoso, um jogador de basquete ou de beisebol, por exemplo, que recebe um salário milionário, possui um carro maravilhoso e namora supermodelos. Provavelmente consideramos os poderosos emocionalmente frios: o melífluo Donald Trump, o despreocupado e tranqüilo Michael Jordan. São pessoas assim, com impressionante controle físico e distanciamento emocional, que costumamos associar ao poder.

Na grande maioria das vezes, nunca chegamos a alcançar este tipo de poder e talvez nem mesmo estejamos interessados nele. Mas muitos de nós queremos desfrutar da forma de poder pessoal proveniente de relações satisfatórias e de uma atividade profissional proveitosa.

A Educação Emocional é um componente fundamental do poder pessoal. No mundo de hoje, nossas interações caracterizam-se com freqüência pelo cinismo e constantemente tornam-se assustadoras e desgastantes. A repetição de experiências de fracasso interpessoal é motivo de desesperança e depressão. Mas quando nossas relações em casa, com os amigos, nas ruas e no trabalho são estimulantes e mutuamente gratificantes, nos sentimos encorajados e otimistas. Nosso prazer de viver, nossa vontade de lutar e nossa energia aumentam; em resumo, nos sentimos poderosos. Em vez de assegurar acesso ilimitado ao dinheiro e a bens materiais, a Educação Emocional viabiliza que qualquer diálogo, qualquer contato humano, qualquer associação, seja ela breve ou prolongada, proporcionem as maiores recompensas para todos os envolvidos.

Aquele que se torna emocionalmente educado entende que as emoções podem conferir poder às pessoas. A Educação Emocional é a chave do poder pessoal, pois as emoções *são* poderosas. Se conseguir fazê-las funcionar a seu favor e não contra você, elas serão sua força.

Afinal, o que aconteceu na minha vida que me colocou em contato com minhas emoções? A transformação deu-se graças ao encontro e subseqüente relacionamento com duas pessoas diferentes num intervalo de sete anos: um psiquiatra maroto e uma companheira feminista. Ambos os encontros foram do tipo em que duas pessoas superam diferenças e de alguma maneira estabelecem uma relação profunda e imediata.

Como Encontrei meu Mestre

O primeiro a mudar minha vida foi Eric Berne, psiquiatra de 45 anos que acabara de interromper a formação de psicanalista em razão de divergências com o analista que o orientava. Naquele momento ele vinha se dedicando à pesquisa de algumas alternativas radicais para a psicanálise, que mais tarde viriam a ser conhecidas como Análise Transacional (AT).

Em 1958, ele deu início a encontros semanais com um pequeno grupo de seguidores em seu apartamento a algumas quadras de Chinatown, em San Francisco.

Fui levado a um desses encontros por um amigo. As posições de Berne interessaram-me muito e tomei parte no debate acalorado. Ao final da reunião, Berne convidou-me a retornar na semana seguinte, o que fiz. A partir de então, raras foram as vezes em que faltei a esses encontros, até a morte de Berne, em 1971. Tornei-me discípulo de Berne e aprendi tudo o que ele tinha a ensinar sobre sua teoria em desenvolvimento.

A Análise Transacional é uma técnica que investiga as relações humanas enfocando o conteúdo exato das interações pessoais. A AT é um método simples mas eficaz para analisar como os indivíduos interagem e de que maneira podem modificar suas vidas corrigindo seus erros de conduta. A Análise Transacional representou uma dissidência marcante da psicanálise tradicional, que se concentra naquilo que acontece *dentro* das pessoas e não *entre* elas. Contudo, a idéia mais radical de Berne era de que você realmente poderia curar as pessoas de seus problemas emocionais mostrando a elas *como ter atitudes diferentes* com cada um em suas interações sociais, em lugar de ajudá-las a entender *por que* são emocionalmente perturbadas.

Em razão de seu interesse pelas transações sociais, aprendi com Berne a ouvir o que as pessoas dizem umas às outras. Aprendi também a usar minha intuição para revelar as emoções ocultas de cada um, e entender melhor aquilo que realmente pensam e sentem.

Entretanto, naquele momento as emoções não constituíam o nosso interesse principal. Na verdade, elas pareciam profundamente irrelevantes para nosso trabalho, que consistia simplesmente em estudar as relações interpessoais do ponto de vista racional. Contudo, os conceitos de Berne mostraram-se fundamentais para o desenvolvimento subseqüente do curso de Educação Emocional. Em primeiro lugar, Berne apresentou o conceito de "Criança Natural" interna, origem da nossa vida emocional, o qual será discutido mais adiante.

Berne descobriu que cada pessoa possui três partes, por ele denominadas Criança, Pai e Adulto. Ele chamou a esses três componentes da personalidade normal de estados do ego, e mostrou de que maneira agimos como cada um deles em diferentes momentos.

Qualquer um dos muitos livros sobre Análise Transacional aborda os estados do ego. Aqui basta dizer apenas que a Criança é a parte criativa e emocional da personalidade, o Adulto assemelha-se a um "computador humano" racional e o Pai compõe-se de um conjunto de atitudes com relação às pessoas e à vida que atuam em nós como se fossem fitas previamente gravadas.

Berne ensinou-nos a observar atentamente as "interações sociais", sobretudo qual dos três estados do ego estava em ação. A Análise Transacional afirma ser possível saber o que quer que seja a respeito de alguém observando as interações de seus estados de ego.

Outro de seus conceitos foi por ele chamado de "carícias". Embora as carícias possam ser positivas ou negativas, uma "carícia", no sentido em que utilizamos a palavra neste livro, é uma demonstração de afeto. Quando diz a alguém "você está atraente hoje", você está lhe fazendo uma carícia. Da mesma maneira, quando dá um tapinha afetuoso nas costas de seu filho, ou ouve com atenção o que seu parceiro está dizendo, você está lhe fazendo uma carícia. As carícias podem ser físicas ou verbais, e são definidas como a unidade básica do reconhecimento humano. Os tipos de carícias que as pessoas dão e recebem são especialmente esclarecedores. Certas pessoas limitam-se basicamente aos carinhos negativos e suas vidas são muito diferentes daqueles que conseguem viver dentro de uma dieta de carícias amorosas positivas.

Esses conceitos formaram o alicerce teórico daquela que, para mim, constituiu a próxima etapa: o estudo analítico transacional das emoções, ou a Educação Emocional.

Compelido a Sentir

Eu nunca teria estabelecido essa relação entre a Análise Transacional e a Educação Emocional não fosse por outro relacionamento transformador na minha vida, iniciado em 1969, que me fez mergulhar no universo das emoções. Praticamente da noite para o dia envolvi-me profundamente com uma feminista — Hogie Wyckoff — que, nos sete anos seguintes, ensinou-me a essência da emoção. Ela exigia basicamente que eu "me mostrasse" emocionalmente; que fosse honesto com relação aos meus sentimentos, que pedisse o que queria e, acima de tudo, que aprendesse a dizer "eu te amo" do fundo do coração.

Nenhuma destas solicitações foi fácil para mim. Para falar a verdade, foram extremamente difíceis. Contudo, sob a influência da orientação exigente de Hogie, realizei sensíveis progressos emocionais. Para ela o trabalho foi exaustivo, até por fim não agüentar mais, mas ela deixou um homem transformado.

Conheci Hogie durante um curso de Psiquiatria Radical dado por mim na Universidade Livre de Berkeley. Nós dois (e outros que menciono nos agradecimentos) acabamos criando o Centro RAP (*Radical Approach to Psychiatry* — abordagem radical da psiquiatria) na Clínica Livre de Berkeley.

Praticando o que Aprendi

Iniciamos uma série de grupos de "contato", nos quais ensinavam-se aos participantes os princípios da Análise Transacional aplicados aos relacionamentos. Talvez o grupo mais popular, surgido a partir desse trabalho, foi o que levou o nome de "Centro da Carícia: um Espaço Liberado para a Livre Expressão do Amor". Aí começamos a desenvolver as técnicas para o aprendizado da educação emocional. Essas técnicas têm em vista a abertura do coração e são descritas no Capítulo 5.

O grupo conhecido como Centro da Carícia reunia-se três vezes por semana em uma grande sala do Centro RAP.

Nesse local, um número entre quatro e seis pessoas podiam dar carícia, receber carícia, pedir carícia e até mesmo acariciar a si próprias. O líder do grupo acompanhava cada troca. Seu trabalho consistia em verificar se as pessoas estavam trocando carícias positivas e não críticas, se estas eram desejadas e aceitas e ajudar os participantes a corrigir suas interações sempre que necessário.

Criamos esses primeiros encontros para ensinar as pessoas a serem amorosas e cooperativas num mundo implacável e competitivo. Logo observamos um efeito colateral dessas reuniões, o qual não havíamos previsto. Com freqüência os participantes, decorridas algumas horas, lançavam um olhar sobre a sala e declaravam "amar todos os presentes". Praticamente todos saíam leves, os rostos irradiando afeto. Sem sombra de dúvida, esses exercícios produziam um efeito sobre as emoções amorosas dos participantes e constituíram o alicerce do curso de educação emocional que veio a desenvolver-se posteriormente.

A Descoberta do Pai Crítico

Durante essas sessões no Centro da Carícia descobriu-se a ação influente do Pai Crítico. O Pai Crítico (chamado naquela época de "Pai Porco") é o opressor interno, aquela voz em nossas mentes que nos impede de ter bons pensamentos sobre nós mesmos e os demais.

Por exemplo, quando alguns participantes do Centro da Carícia tentavam dar ou receber carícias positivas, ouviam literalmente "vozes na cabeça" que apresentavam todo tipo de razões para não se dar nem receber carícia. Afirmavam, de forma sutil ou clara, que eles eram feios, estúpidos, maus ou loucos por participarem daquele exercício estranho.

Descobrimos que praticamente todos nós temos um tirano interno impiedoso dessa espécie, que faz com que alimentemos sentimentos negativos por nós mesmos. Embora Berne associasse esse adversário interno ao estado de ego parental, o Pai Crítico não precisa necessariamente estar relacionado com nossa mãe ou nosso pai. Na verdade, ele é um conjunto de todas as agressões que recebemos na infância, sempre que as pessoas tentaram nos controlar e manipular. O importante a lembrar com relação ao Pai Crítico é que ele se assemelha a uma fita gravada com os pensamentos e opiniões das outras pessoas, portanto pode ser desligado e até mesmo completamente eliminado de nossas vidas.

Embora as pessoas tenham necessidade de carícias positivas para seu desenvolvimento, ficou claro que, ao tentarem dar ou receber carícia, podem apresentar uma grave crise na sua auto-estima, insegurança e, às vezes, ansiedade profunda e até mesmo ódio de si próprias.

Alguns escutam uma voz que diz: "Você é egoísta. Você não merece carícia", ou "Isso é uma estupidez, você vai fazer papel de bobo, cala a boca"; outros são simplesmente tomados de ansiedade ou constrangimento sempre que vão dar ou pedir carícia. Praticamente todo mundo tem um tirano interno que de tempos em tempos profere calúnias, sobretudo quando o sujeito está emocionalmente vulnerável. Parte do trabalho do Centro da Carícia — e da Educação Emocional — consiste em reconhecer e derrotar o Pai Crítico, que não apenas ataca nossa auto-estima, como também a auto-estima das pessoas que nos cercam, quando lhes dirigimos as mesmas críticas que nosso Pai Crítico lança contra nós.

Nossa experiência no Centro da Carícia proporcionou-me inúmeras descobertas sobre a natureza da vida emocional. Um fato interessante é que, embora a maioria das pessoas gostasse do Centro da Carícia e saísse sentindo-se bem, havia sempre algumas que se sentiam tristes, deixadas de lado, apreensivas ou magoadas. Isso me levou a iniciar cada encontro definindo um acordo para tornar a atividade segura. Esse acordo, chamado de "contrato de cooperação", assegurava que os participantes e o líder não consentiriam nem se envolveriam com jogos de poder para manipular as outras pessoas ou com mentiras. Exigia também que as pessoas jamais fizessem algo que não desejassem sinceramente e prometia que o líder não iria permitir as interações provenientes do Pai Crítico.

Esse contrato reduziu sensivelmente o número de pessoas que saíam desses encontros sentindo-se mal. Hoje esses acordos, que tranqüilizam e aumentam a confiança, representam um aspecto bastante importante do curso de Educação Emocional. São eles que dão o formato para a atividade difícil e às vezes assustadora que precisa ser realizada, se quisermos incorporar plenamente os sentimentos em nossas vidas.

Experiência Aprimorada

O Centro RAP acabou por dissolver-se, mas a essência do Centro da Carícia continua presente nos *workshops* de Educação Emocional. Ao longo de 20 anos conduzindo esses *workshops*, venho aperfeiçoando as técnicas descobertas na década de 60 e desenvolvendo muitas outras.

Por exemplo, descobri em meu trabalho com pacientes portadores de doença mental que, de modo geral, a paranóia configura-se a partir de uma partícula de verdade, assim como a pérola cresce a partir de uma partícula de areia. A abordagem psiquiátrica clássica da paranóia consiste em refutá-la ponto por ponto e atribuí-la à projeção. Assim, por exemplo, se David acha que Maria o odeia, a psiquiatria tradicional presumiria que na verdade David é quem odeia Maria, e está "projetando" nela o seu ódio. Na minha opinião, esse enfoque torna as pessoas mais paranóides, e não menos. Nossa abordagem, por outro lado, consiste em encontrar uma confirmação para o sentimento paranóide de David. Descobrimos que, uma vez reconhecida essa partícula de verdade na fantasia paranóide, em geral o indivíduo torna-se capaz de abandonar suas idéias paranóides. Assim, se Maria admite que na verdade é o sentimentalismo de David que a aborrece, David pode libertar-se da idéia de que Maria o odeia. Então ele é capaz de perceber que essa sensação é um exagero paranóide dos verdadeiros sentimentos de Maria. Simplesmente David havia captado certas emoções negativas de Maria e as intensificara desproporcionalmente. Esse método surgiu a partir do trabalho de R. D. Laing, psiquiatra escocês que mostrou como, ao desqualificarmos ou negarmos as experiências das pessoas ou sua maneira de ver as coisas, nós as tornamos inválidas mentais.

Ronald Laing descobriu que, uma vez que a intuição é negada, pessoas perfeitamente saudáveis podem ser levadas a sentir-se enlouquecendo. Procuramos, portanto, confirmar suas percepções, dando-lhes a oportunidade de sentir que elas eram sensatas e não desarrazoadas. Percebemos que nossa abordagem consiste em uma solução eficaz para os medos paranóides, enquanto a conduta psiquiátrica padrão, na verdade, constitui parte do problema e pode agravar ainda mais os sintomas da paranóia.

Por exemplo, se o marido de Margaret, Chris, sentia atração pela vizinha, Margaret poderia captar sinais sutis da paixão secreta do marido. Ao confrontar Chris repetidamente com suas suspeitas e tê-las sempre negadas, os receios intuitivos que estavam importunando Margaret poderiam chegar à paranóia.

Em vez de acusar alguém de ser irracional e desqualificar sua maneira de ver as coisas, encontrar a partícula de verdade na fantasia paranóide tornou-se objetivo do curso. Ao descobrir essa verdade, por menor que seja, podemos afastar um relacionamento da paranóia e da negação, e reaproximá-lo da comunicação, do *feedback* e da honestidade. Foi assim que criei a frase hoje famosa: "Paranóia é percepção ampliada."

QE em Prática

Essas técnicas e outras do curso de Educação Emocional exigem honestidade, confiança e vontade de mudar.

Ao longo dos anos, à medida que fui desenvolvendo essas técnicas, eu mesmo as adotei, e convidei meus parentes, colegas, colaboradores e amigos íntimos a também empregá-las. Escrevi livros, proferi palestras e conduzi *workshops*, e, desde o começo, segundo as pessoas de minhas relações, minha vida emocional só fez aumentar. Passei a dar e receber amor e afeto mais livremente, entrei em contato com meus sentimentos e as razões de sua existência, aprendi a ser honesto com o que sentia e diminuí minha tendência a ser defensivo num confronto. Finalmente, aprendi a reconhecer meus erros e a pedir desculpas com sinceridade. O mais importante, contudo, é a compreensão de que ainda sou uma "obra em curso", ainda estou aperfeiçoando minha própria educação emocional.

Uma das carícias mais freqüentes que recebo de amigos e alunos é o reconhecimento de que pratico aquilo que ensino e de que meu comportamento é coerente com minhas teorias. Isto não significa que alcancei a Educação Emocional perfeita, mas tão-somente que estou fazendo progressos e continuo a aprender a cada dia.

Os capítulos que você vai ler contêm um programa de treinamento que constitui um método comprovado para desenvolver a inteligência emocional. Tenho verificado sua eficácia em mim e nas pessoas que me cercam; portanto, sei que ele poderá funcionar com você.

1

O Que é Educação Emocional?

A EDUCAÇÃO EMOCIONAL COMPÕE-SE de três aptidões: a capacidade de entender as emoções, ouvir as outras pessoas e empatizar com suas emoções, e expressar as emoções produtivamente.

Ser emocionalmente educado é ser capaz de lidar com as emoções de modo a desenvolver seu poder pessoal e a qualidade da vida que o cerca. A Educação Emocional amplia os relacionamentos, cria possibilidades de afeto entre as pessoas, torna possível o trabalho cooperativo e facilita o sentido de comunidade.

Todos nós temos algo a aprender sobre nossas emoções. Algumas pessoas deixam a adolescência com um alto nível de educação emocional, mas creio que poucas são tão hábeis no âmbito das emoções quanto deveriam. Todo mundo comete erros emocionais, por isso todos podemos nos beneficiar de alguma forma com a Educação Emocional.

Como professor veterano de Educação Emocional, tenho ajudado centenas de pessoas a ampliar sua inteligência emocional. Observo o profundo mal-estar que a maioria demonstra à simples menção da palavra "emoções", especialmente os homens. Eles receiam que segredos profundos e doídos sejam de alguma maneira liberados se revelarem seus sentimentos. Quase sempre as pessoas julgam que a Educação Emocional redundará em perda de poder na sua vida pessoal e profissional.

Há uma certa lógica no medo de que o afrouxamento de nossas amarras emocionais possa nos trazer problemas. Mas, a Educação Emocional não é apenas uma liberação das emoções. É igualmente importante compreender, administrar e controlar as emoções.

As emoções são uma parte indispensável da natureza humana. Sem elas, seríamos psicopatas. Reconhecendo e adestrando nossos sentimentos e ouvindo as pessoas de maneira produtiva, podemos intensificar, e não diminuir, nosso poder pessoal.

Ser emocionalmente inteligente significa conhecer as emoções próprias e alheias, sua intensidade e o que ocasiona essas emoções. Ser emocionalmente educado significa dar conta das próprias emoções por estar familiarizado com elas. No curso de Educação Emocional, aprende-se quando, como e onde expressar os próprios sentimentos, e de que maneira eles influenciam outras pessoas. Aprende-se também a verdadeira empatia, bem como a assumir a responsabilidade pelas conseqüências dos sentimentos.

Com esse curso, você se tornará um *gourmet* emocional, atento à textura, ao sabor e ao ressaibo de suas emoções. Aprenderá a permitir que suas aptidões racionais atuem lado a lado com as habilidades emocionais, ampliando sua capacidade de relacionar-se com o outro. Desse modo, você se tornará melhor em todas as suas interações: como pai, cônjuge, profissional, companheiro de lazer, professor e amante.

Todos nós deveríamos ingressar em alguma forma de educação emocional, pois os equívocos emocionais são tremendamente comuns e destrutivos. Se você não acredita, veja abaixo os exemplos de *ignorância* emocional que recolhi em jornais do ano passado:

- Premiado com o segundo lugar numa competição estadual, o líder da corrida de revezamento, Kent Baker, da Escola Thomas Jefferson, na Virgínia, que produz mais National Merit Scholars (Estudantes Agraciados com o Mérito Escolar) do que qualquer outra escola do país, jogou o prêmio na lata do lixo. O diretor da escola, Phil Simon, pôs-se a discutir com os juízes, alegando que seu grupo merecia o primeiro lugar.

- Assistindo a um jogo de futebol americano insignificante em La Habra, comunidade de classe média alta na Califórnia, uma mãe irada xingou um dos árbitros e agarrou-o por trás quando ele tentava afastar-se. Três homens juntaram-se a ela e esmurraram a cara do juiz até lhe quebrar o queixo, que precisou ser imobilizado por várias semanas.

- Warren Moon, zagueiro craque do Minnesota Vikings, foi preso por agressão conjugal depois de um telefonema desesperado dos filhos do casal, avisando à polícia que "papai está batendo na mamãe".

- O principal consultor presidencial, Dick Morris, teve de abandonar a campanha do presidente Bill Clinton após denúncia de que compartilhava segredos de Estado com uma prostituta, com o objetivo de impressioná-la.

• Na Inglaterra, um rico magistrado e sua esposa mentiram sob juramento, afirmando que a mulher estava dirigindo o Range Rover do casal quando este bateu contra um muro. Ambos haviam bebido e temiam que o magistrado perdesse a cartêira de motorista e o cargo no Tribunal. John Bosomworth, 50, e sua esposa Anne, 38, ficaram presos durante 15 e 9 meses, respectivamente, depois que testemunhas contestaram a história do casal. E o casamento foi arruinado pelo estigma de mentirosos que receberam da comunidade.

Os jornais estão cheios de histórias assim, relatos de pessoas bem-sucedidas e, sob outros aspectos, inteligentes que cometem erros graves em situações carregadas de emoção. Nesses incidentes a ira, o medo ou a vergonha faz com que pessoas sensatas tenham um comportamento estúpido e as torna impotentes.

A verdade é que todos cometemos erros assim, embora talvez não tão extremos. Conquanto raramente nossos equívocos cheguem aos jornais, quase todos nós teríamos de admitir que, em alguma ocasião, fomos induzidos ao descontrole pela raiva, pelo medo, insegurança ou ciúme, ou preferimos não assumir a responsabilidade de uma atitude inadequada. No fim, esses erros enfraquecem-nos e as pessoas a quem amamos.

Um Jantar Íntimo

Eu, é claro, afirmo que a Educação Emocional amplia o poder pessoal. Abordarei esse tópico mais vezes ao longo do livro, mas por agora vou exemplificar meu ponto de vista com uma história que começou da maneira mais inocente, como um simples jantar entre velhos amigos, mas rapidamente se transformou num encontro sexual. Se tivesse recebido um tratamento inadequado, o incidente poderia ter acabado como uma dessas histórias terríveis que a todo momento vemos nos jornais.

Nancy e Jonathan, casados há algum tempo, convidaram Robert para jantar. Nancy e Robert eram velhos amigos desde o secundário, quando tiveram um namoro rápido. Nancy havia preparado uma refeição deliciosa e inclusive decorou a mesa com candelabros para o encontro. Contudo, sentaram-se para jantar e Robert não parecia estar apreciando o cenário nem a comida à sua frente.

Revolvendo a comida no prato, Robert contou que estava se separando da esposa. Uma noite ela voltou do trabalho e anunciou que estava desistindo do casamento. Garantiu a Robert que não havia outro homem, mas não ofereceu qualquer explicação para sua partida. Ele estava abatido e não sabia o que fazer de si mesmo.

"Tenho que encarar essa, ela simplesmente não me quer mais", Robert deixou escapar, desconsolado, depois de dois cálices de vinho. "E agora, como vou encontrar alguém? Não sou mais boa pinta como antigamente, e não tenho a menor vontade de ficar circulando de bar em bar e respondendo a anúncios de coluna sentimental."

Nancy entendeu perfeitamente o que seu velho amigo estava querendo dizer. Desde o ano anterior, ela passava cada vez mais tempo diante do espelho, esquadrinhando o rosto em busca de rugas, preocupada se estaria envelhecida demais para sua idade. Com o envelhecimento, experimentava uma sensação nova de insegurança. Ela tomou mais um gole de vinho.

Jonathan tivera um dia cansativo, por isso pediu licença e foi se deitar. Pouco antes da meia-noite, Nancy e Robert estavam sozinhos.

Os dois amigos de longa data conversaram mais um pouco sobre o casamento desfeito de Robert. Então passaram a falar do começo romântico do relacionamento de ambos e da longa duração da maravilhosa amizade. Robert comentou que se sentia cada vez menos atraente; Nancy garantiu que ele era muito bonito e não ia ser difícil começar outro relacionamento. À beira das lágrimas, Robert apertou a mão de Nancy. Ela se aproximou e o abraçou.

Rostos e lábios roçaram levemente, e de repente eles estavam se beijando.

"Pare", disse Nancy. "Não podemos fazer isso."

Robert pôs-se de pé, balbuciou "é melhor eu ir embora", e caminhou em direção à porta, constrangido demais para olhá-la. "Sinto muito." Arriscando uma última olhadela em direção a Nancy, disse boa noite e foi embora.

Perda do Bom Senso

Nancy dormiu mal. Na manhã seguinte, depois de permanecer um longo tempo deitada refletindo, contou ao marido o ocorrido. Explicou que ambos tinham bebido demais, estavam deprimidos e Robert parecera tão carente de afeto que sobreviera uma perda momentânea do bom senso.

Jonathan teve uma reação inesperada. A princípio mostrou-se bastante abalado, mas então lembrou que certa vez haviam prometido dizer sempre a verdade um ao outro. Ela poderia não ter contado nada, e provavelmente ele nunca teria sabido. Imaginou-se descobrindo tudo da pior maneira possível, quem sabe um ano depois, quando um Robert culpado confessaria o incidente a Jonathan quando estivessem tomando uma cerveja, ou Nancy deixaria escapar a verdade.

Jonathan tinha certeza do amor de Nancy e percebeu que, de certa forma, ela o estava protegendo, contando-lhe agora. Observou também como ela estava ao mesmo tempo inconsolável pelo momento difícil que Robert estava atravessando, e profundamente preocupada com a possibilidade de Jonathan não perdoá-la. Entendeu também que Nancy vinha se sentindo insegura com a própria aparência e vulnerável às atenções de Robert.

Embora seu primeiro sentimento tenha sido a raiva, Jonathan percebeu que, se fizesse uma cena, ele não iria se sentir melhor nem solucionaria o problema. Na verdade, provavelmente ele estaria fazendo uma tempestade num copo d'água, estragando seu casamento. Em vez de explodir de cólera ou ciúme, ele tentou entender a atitude de Nancy do ponto de vista dela.

Compartilhou com Nancy sua ira e seu ciúme e, falando sobre seus sentimentos, ele foi capaz de superá-los. Abraçou-a com carinho. Por fim, depois de revelar o que pretendia fazer, entrou no carro e atravessou a cidade até o apartamento de Robert.

"Nancy me contou o que aconteceu", disse ele, tão logo sentou-se no sofá da sala de Robert. "Eu não gostei mas compreendo. Não estou zangado. Mas suponho que isso não vai acontecer mais, certo?"

"Pelo amor de Deus, claro que não", garantiu Robert. "Eu lamento muito."

"Então obrigado", disse Jonathan, estendendo a mão em sinal de amizade. "Acho que vai ficar tudo bem."

Episódios como esse costumam ter um final desastroso. Em geral erros emocionais desse tipo se tornam um segredo obscuro, minando todos os relacionamentos em questão. Às vezes, quando a verdade vem à tona, o resultado é uma briga (verbal ou física) que provoca graves mágoas emocionais, as quais freqüentemente resultam em divórcio.

É raro encontrar alguém como Jonathan, que pára e pensa antes de decidir que atitude tomar diante de uma situação emocionalmente tão delicada. Entretanto, Jonathan conseguiu falar sobre o assunto, organizando seus sentimentos e mantendo-os sob controle, até ser capaz de expressá-los de maneira produtiva, evitando que sua vida mergulhasse no caos. Como resultado dessa interação emocionalmente educada, Jonathan e Nancy aprofundaram o respeito mútuo e conseguiram estabelecer um diálogo sobre a relação dos dois que, na verdade, fortaleceu o casamento. Falar das próprias emoções não fez com que se sentissem desamparados, mas proporcionou em ambos uma renovação do poder pessoal e da confiança no relacionamento. O que os ajudou a crescer como casal e a manter a amizade com Robert.

Sob muitos aspectos, esse episódio define a própria essência da Educação Emocional. Jonathan percebeu que estava zangado e com ciúme. E compreendeu as razões desses sentimentos. Buscou também empatizar com o afeto de Nancy por Robert e seu desejo de consolá-lo. Jonathan pôde entender que Nancy ficara lisonjeada com a atenção apaixonada de Robert. Além disso, compadeceu-se da tristeza e do medo da solidão de Robert. Depois de compreender melhor seus sentimentos,

Jonathan foi capaz de controlar o ímpeto de explodir. Por fim, percebeu a importância de manter a promessa de total honestidade entre ele e Nancy.

Tudo isso exigiu aptidões que algumas pessoas desenvolvem desde o começo da vida, mas que todos nós podemos aprender a qualquer momento. Dedicar algum tempo ao aprendizado dessas aptidões é buscar a Educação Emocional.

O Coração Esquecido

De maneira geral, as pessoas não agiriam como Jonathan no relato acima. Por quê? Por que tantas pessoas inteligentes têm atitudes emocionalmente insensatas? Porque perdemos o contato com nossos sentimentos. Por que isto acontece? Porque vivenciamos uma série de experiências dolorosas e nossos sistemas emocionais se fecharam.

Por que sufocamos nossos sentimentos? Vou explicar dando o exemplo de um ferimento físico. Há muitos anos Chuck, um jovem agricultor de uvas da fazenda ao lado da minha, no município de Mendocino, colocou distraidamente a mão na retaguarda de um empacotador de feno em funcionamento. Ele sentiu um choque na mão direita que percorreu o braço inteiro.

Chuck puxou a mão para ver o que havia acontecido. Com uma estranha ausência de emoção ou susto, perguntou-se onde estariam seus dedos médio e indicador. Girando a mão, viu os dois dedos suspensos por filamentos de pele.

A princípio, nada sentiu. Até que a dor abateu-se como um raio e finalmente ele se deu conta de que os dois dedos haviam sido decepados. Hoje, depois de várias operações, os dedos de Chuck — reimplantados na mão, apesar de inertes — são um lembrete constante do acidente. Ele consegue falar tranqüilamente sobre o fato, embora as pessoas contraiam-se só de imaginar a cena.

Por que de imediato Chuck nada sentiu? Porque seu sistema nervoso, para que a sensação não fosse insuportável, entrou em choque temporário, bloqueando a dor. A reação de choque é extremamente útil. Como Chuck não sentiu a dor, ele teve tempo para assimilar o que havia acontecido e pensar racionalmente.

A insensibilidade é uma resposta natural ao trauma. Poupando-nos temporariamente a dor de um ferimento, ela nos dá a chance de escapar ou tomar decisões vitais, que não seriam possíveis se ficássemos desnorteados de aflição e pavor. Contudo, a insensibilidade física decorrente da dor física é limitada. Ela é efêmera, proporcionando apenas um ou dois minutos de anestesia antes que a dor tome conta.

A insensibilidade que nos invade como resultado da dor emocional é diferente. Traumas psicológicos afligem alguns de nós com tanta freqüência que nossas mentes os repelem congelando-nos emocionalmente, entorpecendo-nos. Sobrevivemos ao trauma psicológico disparando mecanismos de defesa — muros psicológicos que nos isolam, impedindo-nos de ter pensamentos, lembranças ou pesadelos perturbadores. Isso pode parecer bom, mas é um toma-lá-dá-cá que pode ser bastante problemático. Os muros psicológicos que construímos para separar-nos da dor também nos dissociam de nossos sentimentos mais profundos. Aquilo que nos impede de sentir dor também pode impossibilitar-nos de desfrutar amor ou alegria. Além disso, em algum momento esses muros desabarão e nós seremos invadidos por emoções caóticas, às vezes intensamente destrutivas.

Para nos refazermos de nosso entorpecimento emocional, precisamos recordar repetidamente o episódio traumático e discuti-lo com um ouvinte compreensivo. Mas em geral nós não tocamos no assunto, nem nos recuperamos de tais traumas. Em vez disso, simplesmente retornamos a um estado de insensibilidade.

Isso ocorre por dois motivos. Primeiro, traumas emocionais tais como agressão ou alcoolismo paternos são freqüentemente mantidos em segredo, jamais se falando a esse respeito abertamente. Segundo, essas mágoas emocionais em geral não constituem situações isoladas, como o acidente de Chuck, mas fazem parte de um padrão antigo e destrutivo. Via de regra, o trauma emocional subsiste e supura nos recessos recônditos da alma, mutilando a vida emocional da vítima ao longo de toda a existência.

Meus anos de observação convenceram-me de que, demasiadas vezes, nós vivemos em estado de choque emocional semipermanente e perdemos o contato com a maior parte de nossos sentimentos. Esquecemos os incidentes traumáticos, não lembramos como nos sentimos e não conhecemos ninguém capaz de ouvir, com paciência e compreensão, o suficiente para que esses sentimentos possam aflorar. Conseqüentemente, passamos pela vida emocionalmente anestesiados, os sentimentos trancafiados em nossos corações, constantemente desiludidos com uma existência arredia e desconfiada.

É claro que nem todos viemos de lares agressivos ou tivemos pais alcoólatras. Mas até mesmo os altos e baixos comuns na vida adulta e no cotidiano podem ser bastante dolorosos, resultando em entorpecimento defensivo.

Os choques emocionais começam na primeira infância e continuam ao longo de nossas vidas. Gritam conosco quando estamos envolvidos com um jogo emocionante ("Dá para calar a boca um minuto?") ou deixam-nos sozinhos quando estamos com medo. Nossos pais discutem ou simplesmente ignoram um ao outro. Outras crianças nos batem ou zombam de nós, às vezes até mesmo aquelas que consideramos amigas.

Uma conhecida minha recorda como, aos 12 anos, suas duas melhores amigas lhe entregaram uma carta, na qual ridicularizavam sua aparência e sua maneira de dançar, diziam que ela era uma convencida idiota e anunciavam o fim da amizade.

Até hoje ela é tomada por tristeza e mágoa profundas quando pensa nessa terrível experiência.

Outra amiga relata como um menino mais velho todos os dias zombava de seu nariz enquanto ela esperava na fila do almoço no ginásio. Esse tormento emocional durou semanas.

A infância é cheia de tensões e até mesmo de agressões. Com freqüência, o afeto de que necessitamos nos é negado ou é utilizado para manipular nosso comportamento, sendo dado apenas se formos "bonzinhos," e recusado se formos "maus."

Em meio a tudo isso, somos silenciosamente exortados — em casa e na escola — a ocultar o que sentimos e desejamos. Ensinam-nos que "desembuchar" nossos sentimentos seria uma grosseria ou uma indiscrição.

Em geral nossos pais preocupam-se apenas com os problemas mais óbvios — se algum valentão está nos perseguindo ou se temos dificuldade em fazer amigos. Dificilmente interessam-se por nossas aflições mais sutis — rejeições, perplexidades, desilusões amorosas ou sentimentos de inadequação. Certos pais nunca perguntam aos filhos como se sentem e raramente falam das próprias emoções.

Sede de Emoções

À medida que vamos nos adaptando a essas circunstâncias, somos forçados a conviver com nossas paixões frustradas e com mágoas sufocadas dentro de nós, sem sabermos o que fazer ou com quem falar a respeito. Não podemos revelar nossos sentimentos, não os entendemos e estamos ainda menos familiarizados com os sentimentos das outras pessoas. Quando estamos em dúvida, ocultamos nossas emoções, mentimos sobre elas ou fingimos não senti-las. Crescemos acostumados a agir sem dar atenção ao nosso universo emocional, ou até mesmo agindo contra ele.

Inclusive em nossa vida afetiva, onde supostamente as emoções podem reinar soberanas, muitos de nós somos magoados com tamanha freqüência que nos mantemos sutilmente distanciados, mesmo quando nas garras do amor apaixonado. Dores afetivas há muito esquecidas impedem nossa completa abertura e entrega ao outro, sem mantermos uma certa distância defensiva e solitária. Raramente nós nos permitimos a mais bela das experiências emocionais — a vulnerabilidade de estar profundamente apaixonado por alguém, sem reservas.

Quase todos nós sentimos que a vida pode ser muito mais intensa. Ansiamos pelo aconchego do sentimento profundo, pela conexão com o outro, pelo entendimento mútuo. Mas como chegar lá? Sabemos, do fundo de nossos corações, que ser uma pessoa emotiva, ter paixões fortes, chorar, vibrar, até mesmo sofrer, constituem experiências preciosas e fundamentais. Na verdade, estamos sempre buscando maneiras indiretas, artificiais ou dissimuladas de experimentar emoções. Tomamos drogas, nos apaixonamos por uma pessoa inatingível, ou vamos ver filmes românticos, de terror ou de ação; assistimos a comédias de situação, melodramas e novelas na televisão, em busca de um estímulo emocional. Essas atividades nos proporcionam um gostinho daquilo que desejamos ardentemente, sem os riscos da participação real.

Todos temos sede de estímulo emocional, tanto assim que fazemos praticamente tudo que é possível para obtê-lo. Jogamos a dinheiro, saltamos de pontes amarrados pelos tornozelos ou de pára-quedas. Um exemplo particularmente chocante e dramático desse anseio por experiências emocionais é apresentado no livro de James Gilligan, *Violence*. Gilligan trabalhou por muitos anos com presidiários condenados por assassinatos cruéis. O autor descobriu que esses homens vivem invariavelmente em estado de profunda insensibilidade emocional. Eles contam que são praticamente desprovidos de sensações, emocionais ou físicas, a ponto de se considerarem mortos vivos.

Explicam que cometem violências indescritíveis na esperança de que tais excessos rompam com a insensibilidade e os façam sentir algo. Aquele que comete um assassinato brutal pode sentir, por um curto espaço de tempo, que despertou de sua anestesia semelhante à morte. Mas, invariavelmente, as emoções revolvidas pelo crime assentam e o entorpecimento retorna.

A insensibilidade desses homens não surgiu do nada. A pesquisa de Gilligan mostra que, em praticamente todos os casos, esses homens foram eles mesmos vítimas de agressão, bombardeados por repetidos traumas emocionais e físicos. Eis um exemplo concreto de como o trauma conduz à insensibilidade e à patologia emocional grave. Se não for debelada, essa patologia poderá ser transmitida de geração em geração. Obviamente, há uma necessidade premente de romper com o ciclo da violência e do entorpecimento emocional. Uma maneira de fazer isso consiste no aprendizado da consciência emocional, desenvolvendo a empatia — a capacidade de sentir o que os outros estão sentindo. Ao decidirmos desenvolver nossa sensibilidade para as emoções alheias, estamos fazendo uma escolha moral definitiva, que nos dará a capacidade de ser compassivos e generosos.

Empatas e Psicopatas

Parece haver dois tipos de pessoas destinadas a ter poder na sociedade: os psicopatas, que nada sentem, ou os empatas, que estão em profunda sintonia com os sentimentos daqueles que os cercam.

Não leve esses dois tipos demasiado a sério; são caricaturas, extremamente raros na realidade. Vou usá-los apenas para expor meu ponto de vista.

Os psicopatas podem agir com facilidade sem as coerções que limitam outros mortais. Têm a capacidade de mentir, furtar, extorquir, mutilar e matar sem culpa. Quando exercem influência sobre outras pessoas, podem tornar-se tremendamente poderosos. Vejam Calígula, o imperador romano. Ou Adolf Hitler. Estes exemplos são óbvios, mas outros podem ser encontrados em toda parte: na política, nos negócios, nas gangues e até mesmo em determinadas famílias.

Os empatas, por outro lado, ganham ascendência graças a suas aptidões emocionais. Aqueles que nascem empatas têm um dom inato para a empatia, o qual é estimulado pela família e pelos professores ao longo da infância e adolescência. Seu talento para a cooperação afetuosa, para obter o melhor das pessoas, confere-lhes um poder que contrabalança os danos causados pelos psicopatas.

Repito: esses são dois extremos; muitas pessoas poderosas não são psicopatas nem empatas completos. Mas, se observá-las com atenção, provavelmente você detectará uma preferência por um ou outro estilo.

Eu, é claro, estou encorajando-o a buscar o ideal da empatia.

QE e QI

A importância de ser um perito emocional não é evidente para todos, ao menos não tanto quanto a importância de ser um perito intelectual. As pesquisas mostram que se você tiver um QI ("quoeficiente de inteligência") elevado, provavelmente será um bom aluno e se tornará um profissional eficiente, bem-sucedido e produtivo. Além disso, com toda probabilidade, terá vida longa e boa saúde.

Aparentemente, resultados tão favoráveis têm como causa única a inteligência, mas isso não é verdade. Em *Inteligência Emocional,* um *best-seller* revelador, Daniel Goleman mostra que o entendimento emocional é tão importante para o sucesso quanto um QI alto. Além disso, ele revela que a inteligência emocional é necessária para que se tenha uma "boa vida", na qual seja possível desfrutar os bens do espírito. Para viver bem, é preciso possuir não apenas um QI, mas um QE elevado ("quoeficiente emocional").

O termo "QE", embora requintado, significa menos do que se poderia pensar. Trata-se de um conceito de marketing e não de um termo científico. Um "quoeficiente emocional" não pode ser medido nem avaliado como um "quoeficiente de inteligência". O QI vem sendo calculado cientificamente há quase um século, embora o seu significado exato seja questionável. Há quem diga que o QI determina com precisão uma qualidade inata, chamada inteligência. Outros asseveram que o QI determina uma qualidade menos definida, própria de indivíduos que se tornam bem-sucedidos na escola e, eventualmente, na vida. Seja como for, é possível calcular, de maneira válida e confiável, o QI de uma pessoa, e está comprovado que é bom ter um QI alto.

O QE, por outro lado, não pode ser medido. Tentar avaliar o QE de alguém é o mesmo que adivinhar quantos grãos tem a quarta parte de um pote: você consegue ter uma idéia aproximada, mas não pode calcular com precisão. E tampouco pode avaliar a si próprio através de uma contagem, pois as emoções são muito mais impalpáveis do que os grãos.

No entanto, podemos falar de maneira significativa sobre o QE, contanto que não nos julguemos capazes de calculá-lo com precisão. No Capítulo 2, há um questionário de auto-avaliação que dará uma idéia aproximada de qual seria o seu QE, se pudesse ser avaliado.

Inteligência Emocional e Educação Emocional

A expressão "inteligência emocional" foi cunhada pelos psicólogos Peter Salovey e John Mayer. Em seu livro *Inteligência Emocional*, Goleman analisou em profundidade essa poderosa aptidão e sintetizou farta pesquisa realizada em torno do tema.

Criei o termo "educação emocional" há 18 anos, e este foi publicado pela primeira vez em meu livro *Healing Alcoholism* [Curando o Alcoolismo], de 1979. Desde então, venho aperfeiçoando um programa para desenvolvimento de aptidões em educação emocional.

Todos possuem algumas habilidades emocionais. Certas pessoas têm um desempenho excelente nessa área, enquanto outras não se dão tão bem. Não se assuste caso você perceba que se encaixa nesta última categoria. A prática poderá ajudá-lo a ascender na escala da inteligência emocional, que consiste de cinco aptidões:

1. Conhecer os Próprios Sentimentos: Você conhece seus verdadeiros sentimentos? Um grande número de pessoas não consegue definir sentimentos de amor, vergonha ou orgulho, nem a razão para o surgimento dessas sensações indefinidas. As mesmas pessoas mostram-se freqüentemente incapazes sequer de informar a intensidade de suas emoções, mesmo quando lhes pedem para classificá-las como sutis, intensas ou esmagadoras. Se não for capaz de avaliar a potência de seus sentimentos, você não poderá definir até que ponto esses sentimentos o estão influenciando, e àqueles que o cercam.

2. Ser Dotado de Empatia: Você reconhece os sentimentos dos outros? Compreende por que sentem de determinada maneira? Você se identifica com a situação ou as motivações alheias? Empatia é a capacidade de "sentir como" outras pessoas, de sentir as emoções de outros como sentimos as nossas. Quando temos empatia, as emoções alheias ressoam dentro de nós. Percebemos intuitivamente quais são esses sentimentos, sua intensidade e suas causas. Para alguns é difícil, mas outros são tão bons nisso que conseguem literalmente ler os sentimentos de alguém como se fossem um livro.

3. Aprender a Controlar as Próprias Emoções: Você tem o comando de suas emoções? Conhecer as próprias emoções e as emoções dos outros não basta para alcançar a educação emocional. Precisamos saber quando expressar as emoções e quando contê-las. Precisamos saber quando e como a expressão emocional, ou sua ausência, influencia outras pessoas. Devemos aprender a afirmar nossos sentimentos positivos, tais como esperança, amor e alegria. E a liberar nossas emoções negativas, como a raiva, o medo ou a culpa, de maneira inofensiva e produtiva, além de adiar a expressão das mesmas até um momento propício.

4. Remediar Danos Emocionais: Você sabe pedir desculpas? Na qualidade de seres humanos, todos cometemos deslizes emocionais e magoamos pessoas. Contudo, devemos aprender a reconhecer e a reparar aquilo que fizemos. Para tal, temos de assumir responsabilidades, pedir perdão e buscar a reparação. O que pode significar uma transformação de nossa atitude, se esta magoar alguém. Não é uma tarefa fácil, mas, se não procurarmos colocá-la em prática, nossos erros envenenarão permanentemente nossos relacionamentos.

5. Integração de Tudo: À medida que ascende na escala da Educação Emocional, você desenvolve uma aptidão que costumo chamar de "interatividade emocional". Significa a capacidade de estar em sintonia com os sentimentos daqueles que o cercam, sentir seus estados emocionais e interagir eficazmente com eles.

Hannah lançou mão dessa habilidade para esfriar os ânimos num jantar de Ação de Graças de que participei alguns anos atrás.

Hannah e seu marido chegaram ao jantar e imediatamente ela percebeu que havia algum problema. Todos — o casal de anfitriões, seus três filhos adultos e quatro netos pequenos — pareciam tensos. Jim, um dos genros, estava a um canto, "mamando" um drinque. Outros membros da família riam com um certo exagero. Os anfitriões pareciam tristes e aturdidos.

Hannah chamou uma de suas amigas de lado e perguntou por que as pessoas estavam tensas. Ela contou que Jim indispusera-se com Judith, irmã de sua esposa. Jim era conservador e discutira com Judith, muito mais liberal, sobre a criação dos filhos. As crianças brincavam com grande algazarra e Jim, meio de brincadeira, tinha dito a Judith que ela estava mimando os filhos e que estes acabariam se tornando adolescentes rebeldes, drogados e promíscuos. Judith ofendeu-se e disse a Jim para cuidar da sua vida. O constrangimento tomou conta de todos.

Tia Hannah percebeu que as pessoas esperavam que ela tentasse dissipar a tensão. Chamou Judith a um canto e deixou que ela desabafasse sua raiva da crítica desnecessária de Jim. Depois conversou em particular com Jim e permitiu que este expressasse sua opinião sobre os pirralhos e seus pais indulgentes. Depois de conversar com Hannah, Jim percebeu que sua discussão estava estragando o Dia de Ação de Graças de todos. Hannah então reuniu os dois com Mark, que gostava de ambos. Jim, Judith, Mark e Hannah tiveram uma conversa rápida, onde desculpas foram trocadas e as mágoas amenizadas. Quando chegou a hora de servir o jantar, todos estavam prontos para sentar e desfrutar a refeição.

Hannah havia dito a coisa certa às pessoas certas para restabelecer um clima emocional agradável. Incentivou Jim e Judith a encontrarem-se com ela para um almoço e discutir melhor o conflito.

Qual o grau de dificuldade para alcançar o nível de educação emocional de Hannah? Bem, Goleman mostrou que é bem mais fácil quando se é jovem. É como aprender a falar francês ou a tocar violino; você pode adquirir tais aptidões com muito mais facilidade na juventude, beneficiando-se de uma "janela de oportunidade" neurológica.

Entretanto, se não desenvolveu habilidades emocionais durante a juventude, não se preocupe: o adulto ainda pode cultivá-las. Na verdade, a maior parte das pessoas adquire certas aptidões emocionais no começo da vida e vem a desenvolvê-las mais tarde.

Você pode dar um jeito, mesmo tendo aptidões medianas, com uma mãozinha dos amigos. Mas agora que está de posse deste livro, você tem a oportunidade de ampliar sistematicamente sua Educação Emocional. Tudo que tem a fazer é estudar as lições das próximas páginas e colocá-las em prática.

RESUMO DO CAPÍTULO UM

O Que é Educação Emocional?

Quando somos emocionalmente educados, conseguimos lidar com situações emocionais espinhosas que, com freqüência, resultam em discussões, fúria, mentiras, agressão e mágoas infligidas a outras pessoas.

Sofremos a influência constante de traumas emocionais, a maioria deles proveniente de simples dificuldades cotidianas, e outros, de deslealdades e decepções. Sem alguma forma de escoamento, todo esse sofrimento emocional leva-nos a um congelamento emocional como forma de proteção. Contudo, protegendo-nos dentro de uma concha emocional, perdemos o contato com nossos sentimentos e nos tornamos incapazes de entendê-los ou controlá-los.

Ansiamos pela experiência emocional e a buscamos de muitas maneiras. O curso de Educação Emocional constitui o método mais direto e eficaz para restabelecer o contato com os sentimentos e o poder que eles têm, estabelecendo desse modo relações favoráveis e afetuosas com as pessoas.

É possível aprender a tocar o outro profundamente com as suas próprias emoções. Você não precisa extrair poder com base no controle e no medo. Ao contrário, você pode ser um empata, auferindo poder do amor e compartilhando o poder que o amor lhe dá.

É possível exercitar-se na arte de saborear os próprios sentimentos e os sentimentos alheios. Está ao seu alcance compreender e canalizar as emoções, ouvir e reagir às necessidades do outro, sanar prejuízos emocionais e navegar no mar dos sentimentos.

2

Tomando Consciência das Próprias Emoções

Praticamente todos experimentam algum desconforto emocional quando um mendigo das ruas se aproxima. Muitos tentam imediatamente sufocar seus sentimentos, preferindo fingir que o mendigo não existe ou que, por alguma razão, merece a sorte que tem. Outros sentem-se culpados, e provavelmente acham que deveriam reservar uma quantia maior para a caridade, ao invés de comprar artigos supérfluos, como CDs ou talvez até mesmo este livro. Há quem chegue a alimentar indignação e hostilidade por aquele indivíduo, tratando-o como se fosse um intruso indesejável em sua vida.

A minha reação varia. Às vezes, sinto-me péssimo ou constrangido; outras vezes, sou invadido por culpa ou ira. Se decido não ajudar, desvio o olhar e acelero o passo. Se opto pela ajuda, ofereço algumas moedas sem encarar o pedinte nos olhos. Se ele diz "Deus te abençoe," não me sinto abençoado. A situação provoca uma série de reflexões desagradáveis sobre como deve ser a pobreza.

No fim, fico contente quando consigo afastar o encontro da minha mente. Se não fizer isso, permanecerei algum tempo agitado e em desequilíbrio. Não admira que eu me desvie do meu caminho para evitar os mendigos, ainda que para isso tenha de atravessar a rua.

Essa análise detalhada da minha reação emocional pode parecer exagerada e cansativa, mas pense em sua própria experiência. Quanto de tudo que descrevo passa pela sua cabeça quando se encontra em posição semelhante? Até que ponto você vivencia essa situação sem estar plenamente consciente? Muitos de nós não tomamos consciência da intensa reação inicial que rapidamente sufocamos em tais circunstâncias.

Você identifica alguma conseqüência emocional desse tipo de encontro? Ele o deixa abalado ou indiferente? Irritado, culpado ou hipócrita? Ou você coloca a culpa nos políticos?

Apesar de em geral não chegarmos a perceber, quase todos nós passamos por essas provas emocionais diariamente. Um motorista nos dá uma cortada, um vendedor é grosseiro conosco, um amigo se mostra frio e distante. Contudo, praticamente não apreendemos a complexidade de tais incidentes. Vamos examinar essas experiências emocionais com a finalidade de ampliar a consciência que temos delas.

Origens da Consciência Emocional

As emoções são inatas, geradas automaticamente na porção límbica de nosso cérebro, a mais primitiva e reptiliana. Medo, ira, tristeza, amor e felicidade constituem lembretes constantes da nossa natureza animal. Tais emoções são alteradas e moldadas, ao longo da vida, pelas experiências em nosso meio. Por exemplo, se formos criados por pais agressivos, as pesquisas mostram que, muito provavelmente, nos tornaremos adultos agressivos. Ou, se formos criados por pais afetuosos, muito provavelmente seremos adultos afetuosos.

Quase todos nós temos uma percepção limitada da intensidade de nossas emoções ou mesmo daquilo que as deflagra. Na verdade, poucos são os que sabem pelo menos *quais* emoções estão sentindo. Desprovidos dessa consciência, não podemos ter esperanças de vir a desenvolver aptidões empáticas e interativas, principais conquistas da Educação Emocional. Ampliar a consciência das próprias emoções é o tema deste capítulo.

A finalidade do questionário apresentado abaixo é iniciar a exploração de sua consciência emocional. Embora não exista um teste de QE cientificamente válido, o questionário poderá dar-lhe uma boa idéia de seu nível de percepção emocional, que é parte fundamental da inteligência emocional. Como vimos no Capítulo 1, Educação Emocional é a capacidade de entender as próprias emoções, bem como usá-las produtivamente. Consciência emocional significa:

- saber o que estamos sentindo;
- saber o que os outros estão sentindo;
- descobrir a causa desses sentimentos;
- conhecer o efeito provável que nossos sentimentos exercem sobre o outro.

Questionário de Consciência Emocional

Responda as perguntas abaixo com o máximo de sinceridade possível. O importante não é ter um bom desempenho, mas sim descobrir qual o seu nível de consciência emocional. Se não conseguir decidir se sua resposta é Sim ou Não, responda Não Sei.

1.

A. Às vezes, quando estou com uma pessoa muito emotiva, fico surpreendentemente calmo e sem sentimentos.
Sim ________________ Não ________________ Não Sei ______________

B. Às vezes, quando estou prestes a interagir com as pessoas, não me sinto bem, tenho sensações como palpitação no coração, dor de estômago, garganta seca ou contraída ou dificuldade de respirar, mas não sei por que isso acontece.
Sim ________________ Não ________________ Não Sei ______________

C. Às vezes sou completamente dominado por emoções que me desorientam e confundem.
Sim ________________ Não ________________ Não Sei ______________

D. De vez em quando percebo em mim sentimentos de raiva, desde a mais leve irritação até a ira.
Sim ________________ Não ________________ Não Sei ______________

E. De modo geral consigo perceber, numa pessoa emotiva, quais são os seus sentimentos: por exemplo, medo, felicidade, tristeza, esperança ou raiva.
Sim ________________ Não ________________ Não Sei ______________

F. Gosto de situações nas quais as pessoas têm intensas emoções positivas de amor, esperança e alegria, como por exemplo casamentos ou cultos religiosos.
Sim ________________ Não ________________ Não Sei ______________

2.

A. Às vezes, depois de uma situação difícil com outra pessoa, sinto como se partes do meu corpo estivessem entorpecidas.
Sim ________________ Não ________________ Não Sei ______________

B. Tomo um comprimido ou mais para dor de cabeça, dor de estômago e sintomas digestivos ou dores físicas que meu médico não consegue explicar.
Sim ______________ Não ______________ Não Sei ____________

C. Sei que tenho sentimentos intensos em meu íntimo, mas não consigo falar a respeito deles com outras pessoas.
Sim ______________ Não ______________ Não Sei ____________

D. Tenho consciência de meus sentimentos de medo, desde a apreensão até o terror.

Sim ______________ Não ______________ Não Sei ____________

E. Às vezes posso perceber os sentimentos de outras pessoas em meu corpo.
Sim ______________ Não ______________ Não Sei ____________

F. As pessoas me estimam porque sei como acalmar os ânimos.
Sim ______________ Não ______________ Não Sei ____________

3.

A. Sou capaz de matar facilmente um animal pequeno, como uma galinha ou uma cobra, sem sentir nada de especial.
Sim ______________ Não ______________ Não Sei ____________

B. Sou nervoso e irritável, e não consigo me controlar.
Sim ______________ Não ______________ Não Sei ____________

C. Percebo que minto sobre meus sentimentos porque me constrange falar a respeito.
Sim ______________ Não ______________ Não Sei ____________

D. Tenho consciência de meus sentimentos fortes de amor e alegria.
Sim ______________ Não ______________ Não Sei ____________

E. Geralmente faço coisas pelas outras pessoas porque simpatizo com elas e não sei dizer "não".
Sim ______________ Não ______________ Não Sei ____________

F. Tenho facilidade para ajudar as pessoas a identificar suas emoções porque costumo entender suas razões.
Sim ______________ Não ______________ Não Sei ____________

4.

A. Consigo estar com pessoas em grande sofrimento físico sem me perturbar.
Sim ________________ Não ________________ Não Sei ______________

B. Começo a suar nas palmas das mãos quando estou com pessoas que não conheço.
Sim ________________ Não ________________ Não Sei ______________

C. Sei que tenho sentimentos fortes, mas raramente sei identificá-los.
Sim ________________ Não ________________ Não Sei ______________

D. Tenho facilidade para identificar meus sentimentos e seu motivo.
Sim ________________ Não ________________ Não Sei ______________

E. Às vezes os sentimentos alheios são muito claros para mim, o que pode ser um problema.
Sim ________________ Não ________________ Não Sei ______________

F. Em geral consigo lidar com pessoas tomadas por sentimentos fortes, os quais são descarregados em mim.
Sim ________________ Não ________________ Não Sei ______________

5.

A. Na maior parte do tempo sou racional e não tenho problemas com minhas emoções.
Sim ________________ Não ________________ Não Sei ______________

B. Já estive apaixonado, mas, repentina e inexplicavelmente, esse sentimento desaparece por completo.
Sim ________________ Não ________________ Não Sei ______________

C. Às vezes sou dominado pelo mau humor.
Sim ________________ Não ________________ Não Sei ______________

D. Quando tenho de tomar uma decisão importante, em geral sei como estou me sentindo: se estou assustado, empolgado, zangado, ou alguma outra combinação de emoções.
Sim ________________ Não ________________ Não Sei ______________

E. Numa situação competitiva, na qual estou ganhando ou estou numa posição claramente superior, lamento pela outra pessoa.
Sim ________________ Não ________________ Não Sei ______________

F. Quando estou numa sala cheia de gente, sei como o grupo está se sentindo: empolgado, assustado, entediado ou zangado.
Sim _______________ Não _______________ Não Sei _______________

6.

A. Raramente choro.
Sim _______________ Não _______________ Não Sei _______________

B. Às vezes, vejo um comercial na TV, lágrimas me vêm aos olhos e não sei realmente o porquê.
Sim _______________ Não _______________ Não Sei _______________

C. Às vezes sinto-me mal e não sei definir se estou assustado ou zangado.
Sim _______________ Não _______________ Não Sei _______________

D. Sou o tipo de pessoa que de vez em quando sente vergonha e culpa.
Sim _______________ Não _______________ Não Sei _______________

E. Já tive oportunidade de atirar num animal, um pássaro, um coelho ou um cervo, e não consegui porque tive pena do animal.
Sim _______________ Não _______________ Não Sei _______________

F. Costumo mudar minha maneira de agir com outra pessoa porque percebo que isso tornará as coisas mais fáceis entre nós.
Sim _______________ Não _______________ Não Sei _______________

Agora que respondeu todas as perguntas, vamos fazer a contagem do questionário.

Some todas as respostas "Sim" para as questões de letra A. Escreva esse número (de 1 a 6) no espaço abaixo com a letra "A". Repita o procedimento para as questões C, D, E e F.

A _________
B _________
C _________
D _________
E _________
F _________

Agora deve haver um número (de 1 a 6) ao lado de cada letra acima. Com esses números, você pode traçar um gráfico e determinar seu perfil de consciência emocional.

Crie um diagrama semelhante ao desenho abaixo num papel separado e preencha os intervalos com seus resultados. Por exemplo, se você respondeu "Sim" em 6 questões D, preencha a coluna D até o número 6. Se respondeu "Sim" em duas perguntas B, preencha a coluna B até o número 2. Faça o mesmo com os outros resultados. Quando terminar, você terá um gráfico semelhante ao do exemplo abaixo:

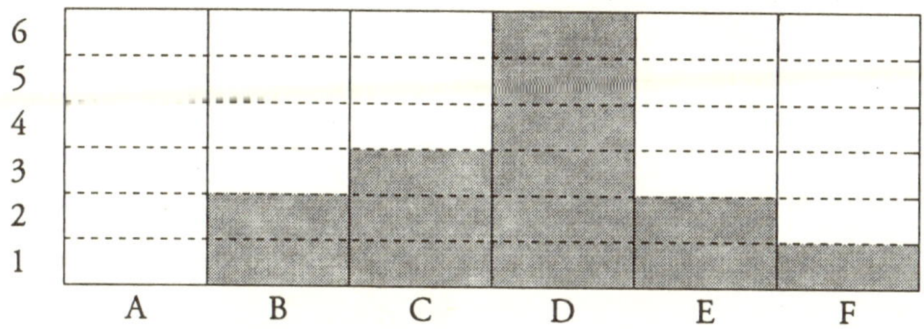

Esse perfil baseia-se numa escala do mínimo ao máximo de consciência emocional. Desenvolvi esse gráfico para ilustrar os níveis de consciência emocional de cada pessoa.

Abaixo há uma explicação para cada nível da escala de consciência emocional. O conhecimento desses níveis irá ajudá-lo a interpretar e compreender os resultados

Escala de Consciência Emocional

do questionário e o perfil pessoal que você acaba de adquirir, tema ao qual retornaremos no final do capítulo.

Insensibilidade. Aqueles que se encontram neste estado não têm consciência daquilo que chamam de sentimentos ou emoções. Isso acontece mesmo quando estão sob a influência de emoções fortes.

Curiosamente, os outros em geral têm uma percepção melhor das emoções desse tipo de pessoa do que ela mesma. Embora um indivíduo nesse estado não seja capaz de perceber as próprias emoções, aqueles que convivem com ele podem captá-las graças a indícios como a expressão facial, o rubor e o tom de voz. Se lhe perguntarem como está se sentindo, provavelmente ele relatará apenas indiferença ou insensibilidade. Suas emoções encontram-se numa espécie de congelamento profundo, inacessíveis à consciência.

Vejam Lucas, contador de 38 anos, e sua mulher, Clara, que me procuraram para a mediação de suas dificuldades conjugais. Clara acaba de fazer um relato sofrido e tenso da raiva e mágoa que sente pelo fato de as coisas entre eles estarem do jeito que estão. Volto-me para Lucas. Ele parece rígido e constrangido.

"Como você se sente, Lucas?"

"Bem, acho que ela está sendo injusta."

"Tudo bem. Podemos falar sobre isso depois, quando chegarmos ao seu ponto de vista. Como está se sentindo emocionalmente depois de ouvir o que ela falou de você?"

Ele hesita, remexe-se na cadeira, pensa. Finalmente, demonstrando embaraço, Lucas acrescenta: "Acho que não sinto nada."

"Eu gostaria de saber... vejamos, você identifica alguma sensação em seu corpo? Certas pessoas sentem incômodo no estômago, nó na garganta, um formigamento dolorido, ou vertigem..."

"Bem, eu sinto uma espécie de entorpecimento no corpo inteiro. Agora nem tanto, mais quando ela estava falando."

"Você não sente nada?"

"Para falar a verdade, não. Sinto-me muito distante, como se eu estivesse no meio de um nevoeiro."

Para alguém como Lucas, esse estado de inconsciência é uma experiência comum. Ocasionalmente, porém, sua raiva irrompe. O que em geral acontece sob a influência do álcool ou outras drogas, como uma explosão rápida e feroz. Algumas vezes por ano, Lucas toma um pileque. Nessas ocasiões, ele se torna grosseiro, emocionalmente agressivo e, às vezes, em sua fúria quebra alguns móveis. Depois, já sóbrio, ele passa por um período de culpa e autoflagelação, para logo em seguida voltar a ser um contador brando e desapaixonado. Essas explosões deixam-no abalado e, comumente, produzem alguma culpa, mas suas emoções o confundem demais para que possa alcançar algum tipo de discernimento. A insensibilidade acaba por retornar com força renovada.

Para a psiquiatria, esse estado de torpor emocional é conhecido como *alexitimia.*

Sensações Físicas. Neste nível de consciência emocional as sensações físicas que acompanham as emoções são vivenciadas, mas não as emoções em si. A psiquiatria chama a isto de *somatização.*

Uma pessoa pode sentir as batidas aceleradas do coração, mas não percebe que está com medo. Pode observar um aperto no peito, mas não identificá-lo como depressão. Consegue experimentar um momento de calor, um calafrio, um nó no estômago ou um zumbido nos ouvidos, formigamento, até mesmo pontadas. Pode vivenciar todas essas *sensações* da emoção, mas não tem consciência da própria emoção.

Essas sensações nunca estão muito longe da percepção, mesmo para uma pessoa emocionalmente neutra. Lucas, por exemplo, tem consciência de suas sensações físicas quando interpelado, embora não as associe com quaisquer emoções em particular.

Depois que Lucas descreve seu estado de torpor, prossigo com minhas perguntas:

"Ótimo, você fez uma descrição clara do que lhe acontece emocionalmente quando sua esposa se queixa de você. Mas vamos examinar melhor sua reação. Tem alguma das sensações físicas que descrevi antes? O que mais acontece?"

"De fato, também sinto uma pressão na testa."

"Mais alguma coisa?" Esquadrinho o rosto de Lucas. "Sente dor de cabeça?"

"Não exatamente, mas fico com uma sensação estranha de que vou sentir. Tenho dores de cabeça bem fortes. Quando formos embora, vou precisar tomar uma dose dupla de analgésico."

Pessoas que vivem nesse estado de desconhecimento emocional costumam consumir drogas que combatem as sensações físicas de causa emocional. Embora tais medicamentos quase sempre provoquem efeitos colaterais nocivos, funcionam temporariamente para aquele que está tentando enfrentar seus conflitos emocionais. Assim, ele elimina dores de cabeça, de estômago e outras sensações físicas que iriam lembrar-lhe a existência de problemas emocionais que exigem atenção.

Conseqüentemente, os conflitos não desaparecem e os problemas emocionais prosseguem sem solução. Comprimidos podem suprimir ou aliviar temporariamente as sensações desagradáveis, mas promovem o desequilíbrio da química corporal e acarretam efeitos nocivos breves e prolongados.

Lucas, por exemplo, ingere grandes quantidades de analgésicos corriqueiros para dores nas costas e dores de cabeça. Seu médico alertou-o que ibuprofen e acetaminophen ingeridos com álcool podem causar problemas no fígado. Então ele optou pela aspirina, que afeta o estômago; toma Maalox. Pela manhã, toma duas xícaras de café forte para acordar e passa o dia inteiro bebendo refrigerante *diet* para manter-se desperto. Também fuma para amenizar a tensão e a ansiedade. À noite, gosta de tomar "um ou dois cálices" de vinho para ajudá-lo a relaxar e dormir. Essa automedicação de forma alguma lhe proporciona bem-estar, mas pelo menos torna seu desconforto suportável.

Aqueles que ingerem regularmente uma grande quantidade de medicamentos e/ou álcool não são mais capazes de interpretar suas experiências corporais. Essas experiências são emocionais ou químicas, intensas ou sutis, saudáveis ou malsãs? Quando alguém se automedica com tanta freqüência e intensidade, torna-se extremamente difícil saber.

Pessoas mergulhadas nesse estado de inconsciência emocional podem infligir a outras graves danos emocionais. Emoções fortes e não reconhecidas podem promover um comportamento irracional, dor e insensibilidade. Mas o comportamento irracional perpetua o ciclo. As pessoas desabafam, sentem uma culpa profunda e depois se fecham, estreitando sua consciência emocional e criando um ciclo bem conhecido de agressão, torpor e ignorância emocional.

Experiência Primitiva. No estágio primitivo, o indivíduo tem consciência das emoções, mas estas são vivenciadas como um nível acentuado de energia perturbadora que não é entendida e não pode ser expressa em palavras. Conseqüentemente, aquele que se encontra nesse estado emocional é tremendamente vulnerável e sensível às emoções, mas incapaz de compreendê-las ou controlá-las. Uma pessoa no estado primitivo tem uma probabilidade maior de sofrer explosões emocionais descontroladas e acessos de impulsividade ou depressão do que aquele cujas emoções estão congeladas e inconscientes. Em geral, ele é o primeiro a fraquejar num grupo submetido a tensão.

Lucas, como um exemplo oposto, trabalha num ambiente de grande tensão e pressão. Ele é conhecido como o que mantém a "cabeça no lugar" e toma as decisões cruciais em momentos de crise. Colaboradores e até mesmo supervisores não consideram sua frieza particularmente agradável, mas sua eficiência é tremendamente valorizada pelos patrões.

Em razão desse paradoxo, alguns concluem que consciência e sensibilidade emocionais são uma desvantagem. Na verdade, conquistar as aptidões e a percepção próprias de uma elevada Educação Emocional proporcionará, a longo prazo, eficiência e poder pessoal, mesmo em nossa sociedade emocionalmente embotada. Isto porque o indivíduo de elevada educação emocional saberá controlar seus sentimentos sempre que necessário. Talvez isso não seja possível em situações que exijam impiedade extrema e frieza emocional, mas este tipo de situação será evitado pela pessoa emocionalmente educada. Há certos tipos de trabalho, como cancelar contratos ou enxugar empresas, nos quais um alto nível de consciência emocional impossibilita o cumprimento eficaz da tarefa.

Barreira Verbal. A travessia dessa barreira lingüística exige um ambiente favorável à informação emocional. Contudo, uma vez ultrapassada a barreira, torna-se possível falar das próprias emoções, de maneira a desenvolver-se uma crescente percepção dos próprios sentimentos.

Atualmente está cada dia mais difícil aprender a falar das próprias emoções, pois muitos consomem seus dias de trabalho em contato íntimo com máquinas, como os computadores, e não com pessoas.

O contato com a máquina não termina no trabalho. As pessoas vão para casa e imobilizam-se diante da televisão, dos *video games*, do aparelho de som ou do computador, os quais mantêm o indivíduo isolado.

Aqueles que passam um longo tempo em isolamento provavelmente deixam de analisar os próprios sentimentos e podem tornar-se completamente desinteressados das questões emocionais. Infelizmente, grande parte das pessoas esperam pelos comerciais da TV para dar atenção a suas questões emocionais, se é que chegam a tratar de tais questões. Só vão prestar atenção nesse assunto quando o divórcio está por um triz ou o relacionamento com os filhos adolescentes gravemente prejudicado.

Afinal de contas, não é mais fácil ficar sentado vendo TV do que estabelecer um diálogo substancial com um membro da família? Poucos são os que percebem até que ponto uma escolha como essa pode isolar os indivíduos das próprias emoções e das alheias. Sem uma análise de nossos sentimentos, jamais poderemos ter esperanças de libertar-nos de um estado de entorpecimento, agitação física ou caos emocional. E jamais poderemos manter relações gratificantes com as pessoas.

Precisamos de um ambiente que acolha e estimule o debate emocional, no qual possamos compartilhar sinceramente nossas emoções com pessoas que dividirão as suas com honestidade. Encontrar um ambiente assim é essencial para o desenvolvimento da consciência emocional. Até mesmo uma comunidade de dois já é suficiente, para começar.

Diferenciação. Neste nível de consciência dá-se um passo a mais em direção ao reconhecimento das diferentes emoções e sua intensidade, bem como à verbalização destas com outras pessoas. Nesse estágio, tomamos consciência das diferenças entre emoções básicas como ira, amor, vergonha, alegria ou rancor. Percebemos também que qualquer sentimento pode manifestar-se nas mais variadas intensidades. O medo pode ir da apreensão ao terror. A raiva estende-se desde a irritação até a ira. O amor pode ser sentido em muitos níveis, do afeto à paixão.

Tão logo cruzamos a barreira verbal (um muro virtual para alguns), começamos a reconhecer que, freqüentemente, temos uma ampla gama de sentimentos concomitantes. Alguns deles são intensos e óbvios, enquanto outros são débeis e ocultos. Alguns são breves, outros duradouros.

Por exemplo, quando somos dominados pelo ciúme, é possível perceber que o sentimento principal é a raiva, combinada com sensações menos intensas de amor não correspondido e um quê de vergonha. Outra pessoa poderia vivenciar o ciúme como um sentimento de medo, combinado ao ódio profundo.

Vamos continuar com Lucas, nosso inquieto contador. Quando perguntei por que teve uma reação tão emocionada às recriminações da esposa, ele disse:

"Porque eu estava um pouco aborrecido, acho."

"E você ficou triste?"

"Acho que sim... É, também fiquei triste", acrescentou vivamente, "e tive medo de perder o controle, revidar e ferir seus sentimentos. Ela é tão suscetível."

"Você está zangado?", voltei a indagar.

"Não muito, só aborrecido."

"Mas se você não está tão zangado, por que perderia o controle?"

"Acho que estou zangado." Lucas ficou em silêncio por um instante, durante o qual eu o percebi enrubescer. "É, acho que estou."

"Furioso?"

Seguiu-se um silêncio prolongado. A essa altura seu rosto estava rubro. Voltando-se para a esposa, a voz cheia de culpa e apreensão, finalmente ele falou: "É, pensando bem, realmente isso me deixa muito perturbado."

Continuei fazendo perguntas a Lucas com o objetivo de verificar se eu não o estava induzindo a dizer coisas que não sentia. À medida que eu o ajudava a tomar consciência de seus verdadeiros sentimentos, ficou claro que Lucas sentia uma raiva intensa e alucinada das acusações feitas pela esposa, e tinha um medo profundo de "perder a cabeça" e "explodir com ela". Pensando a respeito, também sentiu-se magoado e desanimado. Um grande avanço para alguém que inicialmente afirmava nada sentir.

Causalidade. Quando começamos a compreender a natureza exata de nossos sentimentos, passamos igualmente a entender a causa desses sentimentos, o episódio que deflagrou nossa reação emocional, o porquê do orgulho ou da raiva intensos, a origem do medo.

Um exemplo ilustrativo: Peter começou a sentir ciúme na noite em que observou sua namorada Jennifer rindo das piadas contadas por um amigo comum, Michael. A princípio não quis admitir para si mesmo o que estava sentindo, pois orgulhava-se de sua confiança e segurança. Entretanto, percebeu sua exasperação com Jennifer e teve de admitir para si mesmo que provavelmente estava com ciúme.

Aqui a inevitabilidade das interações emocionais precisa ser entendida. Não obstante todas as alegações em contrário, podemos provocar sentimentos nas outras pessoas, e estas podem produzir sentimentos em nós. Nesse caso, o aparente flerte de Jennifer com Michael ocasionou ciúme em Peter.

Começamos a desvelar a alquimia das emoções; de que maneira nossas tendências emocionais (ser suscetível, agressivo ou ciumento) combinam-se com as tendências emocionais e o comportamento do outro.

Finalmente, temos meios de examinar e, na maioria das vezes, entender por que sentimos aquilo que sentimos. Constrangido, Peter explicou seu ciúme a Jennifer. Esta lhe disse que jamais pretendera provocar-lhe ciúme; acontece que, depois de uma semana difícil, ela apreciava uma boa risada. Agora que sabia do ciúme de Peter, decidiu esforçar-se para prestar mais atenção no namorado enquanto Michael estivesse entretendo-os.

Empatia. À medida que vamos descobrindo as diferentes emoções que sentimos, as variações na intensidade com que as sentimos e as suas razões, e à medida que a consciência de nossas emoções vai-se tornando refinada e sutil, começamos a perceber e intuir a complexidade e sutileza das emoções daqueles que nos cercam.

A empatia é uma forma de intuição das emoções. O funcionamento da empatia é inteiramente surpreendente para o principiante, pois parece depender de uma aptidão que, às vezes, afigura-se perigosamente semelhante à clarividência.

Quando somos empáticos, não pensamos no fato de que entendemos, vemos ou ouvimos as emoções de outra pessoa. Acredita-se que, na verdade, a empatia é um sexto sentido por meio do qual percebemos as energias emocionais assim como o olho percebe a luz. Sendo assim, a empatia acontece em um canal intuitivo — independente dos outros cinco sentidos — que penetra diretamente em nossa consciência. A ignorância emocional sobrevém quando, nos anos de formação da nossa juventude, deixamos de desenvolver esse sexto sentido. Em geral aprendemos a reprimi-lo com as constantes mentiras e a rejeição dos sentimentos comuns nas experiências infantis. Alguns nascem "empatas", dotados de profunda sensibilidade para as emoções, e outros são emocionalmente insensíveis. Quase todos nós estamos em algum ponto médio, e todos podemos aprender ou reaprender a consciência empática.

A empatia, como toda intuição, é imprecisa e pouco valiosa até desenvolvermos meios de confirmar objetivamente a exatidão de nossas percepções.

Um exemplo, voltando à situação de Peter e Jennifer: Jennifer começara a desconfiar que Peter estava ficando cada vez mais incomodado na presença de Michael. Sua intuição lhe dizia, embora a princípio ele negasse, que Peter estava com ciúmes. Não conseguia entender por que ele estava se sentindo assim, pois ela se mostrava extremamente afetuosa e atenta quando estavam juntos. Jennifer acreditava que o ciúme de Peter poderia ter relação com a beleza de Michael, e pôs-se a pensar se Peter estaria inseguro com a própria aparência.

Jennifer havia lido um artigo sobre Educação Emocional e aprendera algumas técnicas, que havia exposto a Peter.

Quando decidiu perguntar se realmente ele estava com ciúme, o primeiro impulso de Peter foi negar. Seu ciúme lhe parecia infantil, e sentia-se constrangido em admiti-lo.

"Seja sincero, por favor", pediu Jennifer, assegurando que o conceito que tinha de Peter não seria afetado.

"Está bem, estou com um pouquinho de ciúme", ele finalmente admitiu.

"Mas eu não acho Michael especialmente atraente. Você me atrai muito mais."

"Não é isso. Você deixou bem claro o quanto gosta de mim", ele afirmou com um sorriso acanhado. "Mas sabe como às vezes eu fico caladão. Michael é tão desembaraçado e divertido, isso não te atrai de alguma maneira?"

Jennifer refletiu por um instante. "Bem, acho que sim. Mas você é igualmente divertido do seu jeito, quando estamos sozinhos. É um prazer estar com alguém como ele, mas é com você que quero ter um relacionamento. Sempre haverá pessoas em nosso círculo com qualidades que apreciamos, mas eu estou com você porque você tem as qualidades que são mais importantes para mim; porque eu te amo." Ela lhe deu um abraço, e permaneceram assim por um instante feliz. Mas Peter ainda precisava esclarecer algo.

"Posso te fazer uma pergunta?" Jennifer concordou prontamente. "Tenho a sensação de que você fica distante quando ele está por perto. Na verdade, fico com medo que você perca o interesse por mim quando estamos os três juntos."

Ela ficou chocada. "De jeito nenhum!" Pensando melhor, Jennifer percebeu por que ele poderia sentir-se assim. "Acho que sempre considerei uma indelicadeza ser carinhosa com o namorado na presença de uma pessoa que está sozinha."

"Entendo", Peter assentiu pensativamente.

"Mas talvez eu tenha exagerado. Acho que poderíamos ficar de mãos dadas ou sentados mais próximos sem deixar Michael constrangido. Vou tentar fazer mais isso. Na verdade, só quero que seus amigos gostem de mim, e eu estava querendo demonstrar consideração."

Peter confirmou sua intuição de que algo em Michael atraía Jennifer. E também ficou comprovado que Jennifer o evitava quando os três estavam juntos. Mas o receio de que ela estivesse sentimentalmente interessada por Michael ou de que este o ofuscasse não tinha fundamento. Na verdade, Peter ficou satisfeito ao perceber o quanto ela desejava agradar seus amigos e com que empenho procurava mostrar-se atenta aos sentimentos de outras pessoas.

Sua intuição fora confirmada, suas apreensões apaziguadas, e Peter descobriu em Jennifer uma novidade adorável — sua consideração.

Algumas vezes Peter havia rejeitado as declarações de amor de Jennifer por considerá-las exageradas, mas ouvindo-a falar calmamente sobre as razões pelas quais ela o havia escolhido, de súbito sentiu-se mais seguro de seu amor. Eis apenas alguns dos inúmeros frutos de um diálogo emocionalmente educado.

Dando ouvidos ao pressentimento de que Peter sentia ciúme, e iniciando uma discussão com ele, Jennifer estava apurando uma relação emocionalmente educada e mais intensa com Peter. Sua intuição mostrara-se correta, o que lhe deu a oportunidade de mudar, satisfazendo Peter. Aperfeiçoamos nossa capacidade de empatia fazendo perguntas; se o outro se recusar a ser honesto e a oferecer uma resposta verdadeira, não poderemos progredir. O *feedback* sincero é a única forma de ampliar as próprias intuições empáticas.

Esse processo indispensável que consiste em reunir *feedbacks* honestos acentua a exatidão de nossas percepções empáticas posteriores. Aprendemos a tomar consciência dos sentimentos das outras pessoas e da intensidade dos mesmos, e a entender por que ocorrem, às vezes com a mesma clareza com que compreendemos os nossos. Por fim, com o desenvolvimento de nossa educação emocional, nossas percepções empáticas tornam-se mais exatas e confiáveis. Esta transformação é alcançada por meio de percepção, *feedback* e correção constantes.

Interatividade. Ser "meramente" uma pessoa empática — um "empata", se você preferir — tem suas desvantagens. O empata tem a percepção aguçada de uma complexa gama de informações emocionais amplamente desconhecidas para outros, algumas delas dolorosas, talvez até mesmo insuportáveis.

Saber como as outras pessoas se sentem não significa necessariamente saber o que fazer. O comportamento emocional de cada um parece exigir uma resposta, mas é possível que essa resposta não seja desejada, bem-vinda ou possível. Ser altamente empático num mundo profundamente ignorante do ponto de vista emocional pode literalmente enlouquecer uma pessoa. O indivíduo dotado de empatia precisa saber o que fazer com sua percepção. A interatividade emocional requer o conhecimento das reações de cada um às emoções alheias, e de quando essa interação pode desenvolver-se para melhor ou para pior. Ou seja, é preciso conhecer as pessoas o suficiente para saber como alguém irá reagir à raiva, ao medo ou à tristeza, ou como outro irá reagir à sexualidade, à alegria ou ao otimismo.

A interatividade emocional toma como base o nível mais sofisticado de consciência, a capacidade não apenas de perceber o que você e os outros estão sentindo, mas de antever de que maneira se dará a interação das emoções. Isto possibilita antecipar como duas pessoas diferentes, dadas suas inclinações emocionais habituais, irão reagir a determinada situação.

As emoções fundem-se, atenuam-se, florescem e minguam na presença de alguém e ao longo do tempo.

Consciência interativa diz respeito à maneira pela qual as emoções, assim como as substâncias químicas, combinam-se para criar novas substâncias, inimagináveis se fossem examinados seus componentes. Tais combinações podem ser criativas, neutras ou explosivas, assim como no laboratório químico. A capacidade de prognosticar essas reações só pode provir de uma ampla gama de experiências ou sabedoria acumuladas.

A complexa percepção de como as emoções combinam-se entre si, no íntimo de cada um e na convivência, representa o nível mais elevado de sofisticação emocional.

Embora isso possa parecer muito complicado, um exemplo simples dessa sabedoria em ação foi a maneira como meu amigo David apresentou sua nova namorada à filha adolescente, Robyn, propensa à timidez e ao retraimento.

Sabendo que um encontro cara a cara para jantar poderia ser péssimo para Robyn, David achou melhor a namorada nova ir com ele levar a filha de carro para visitar a mãe em outra cidade. Desse modo a menina teria a oportunidade de observá-los juntos de seu posto seguro, no banco de trás.

Foi assim que Robyn entrou em contato com sua futura madrasta, o que lhe permitiu conhecê-la e apreciá-la melhor do que seria possível durante um jantar potencialmente difícil, no qual ficaria nervosa por estar em evidência.

A percepção de David de que a primeira opção não seria a mais adequada provém do profundo conhecimento das interações emocionais.

Em outro exemplo mais complicado, John e Deirdre já vinham se desentendendo há um mês. John estava zangado porque Deirdre passava um tempo cada vez maior em seu novo trabalho, o primeiro que realmente a estimulava e desafiava plenamente. John estava acostumado a ser o que ganhava mais, e vinha sentindo um ciúme e uma inveja inexplicáveis. Sempre fora propenso a explosões emocionais e, ultimamente, sentia-se perigosamente prestes a perder a cabeça.

John e Deirdre tinham uma boa relação de muitos anos, e ele sabia que Deirdre o amava e lhe devotava confiança. Contudo, demonstrações de raiva assustavam-na facilmente.

Eles haviam tido um punhado de conversas emocionalmente improdutivas, e Deirdre começava a se fechar emocionalmente. John estava cada vez mais desorientado.

Pensando no que fazer, lembrou-se da ocasião em que ele e Deirdre travaram uma discussão acalorada durante um jantar com a irmã de Deirdre, Marsha. A presença desta ajudou-o a manter a calma, e Marsha atuou como uma tranqüila defensora de Deirdre, o que pareceu estimular esta a manter-se firme na discussão.

John decidiu que seria uma boa idéia convidar Marsha para o almoço num domingo, explicando que ele queria a ajuda de Marsha para discutir o trabalho da esposa. Expôs a idéia a Deirdre e, com sua aprovação, chamou Marsha. Após uma refeição agradável, John sugeriu que Marsha se sentasse perto de Deirdre, enquanto ele contava a esta como estava se sentindo.

John sabia que se desse livre vazão a seus sentimentos em circunstâncias menos protegidas, poderia enfurecer-se e intimidar Deirdre. Desse modo, poderia obrigá-la a reduzir as horas de trabalho, mas não sem provocar sérias repercussões emocionais.

Marsha era uma boa opção como mediadora, pois gostava dos dois e não tinha medo de John. Sua influência tranqüila e autoconfiante proporcionaria a John segurança para expressar-se com clareza, e a Deirdre, força para enfrentar as exigências do marido sem se deixar intimidar.

Por outro lado, se Deirdre fosse uma pessoa diferente, e John soubesse que ela não se incomodaria de ouvi-lo até o fim, mesmo se ele gritasse, a situação seria completamente diferente e exigiria outra abordagem, talvez mais direta, dispensando a mediação da irmã de Deirdre.

John estava consciente de seus próprios sentimentos e tendências, assim como dos de Deirdre. Sabia, por experiência própria, de que maneira seus estilos diferentes provavelmente iriam interagir, isto é, ele iria gritar e ela provavelmente anuiria, mas depois ficaria infeliz e irritadiça.

John tomou suas providências para evitar os problemas resultantes de uma atitude impulsiva.

Esse tipo de análise elaborada do panorama emocional de um relacionamento constitui um marco de interatividade emocionalmente educada.

Interatividade é um conceito amplamente usado na era das comunicações. Neste contexto, diz respeito à interação inteligente e não à aceitação passiva. O mesmo acontece com a interatividade emocional. A consciência interativa permite-nos não apenas registrar as emoções internas e externas, mas também passar a perceber como elas podem ser moldadas com fins criativos, em vez de passarem despercebidas e saírem do controle. Podemos fazer uso de nossa consciência emocional para obter interações mais fáceis, produtivas e positivas.

A interatividade permite que os empatas apliquem sua percepção para navegar habilidosamente ao longo de situações emocionais intensas. Assim, interatividade é o elo entre a *consciência* emocional, tema deste capítulo, e a *Educação* Emocional, tema do livro.

Seu Perfil de Consciência Emocional

Vamos voltar ao gráfico que você obteve com o questionário das páginas 41-45. Em primeiro lugar, quero ressaltar que esse perfil não é uma medida da Educação Emocional, mas uma avaliação da consciência, que constitui um aspecto importante da Educação Emocional. As questões A avaliam a sensibilidade emocional (SE); as questões B verificam os sintomas físicos (SF); as perguntas C referem-se à experiência primitiva caótica (EC); as perguntas D avaliam a diferenciação (DF); as questões E encarregam-se da empatia (EM); e as questões F, da interatividade (IA). O perfil obtido irá ajudá-lo a perceber que tipo de trabalho será necessário para que você desenvolva sua Educação Emocional. Os três perfis mais comuns são:

Perfil de consciência inferior:

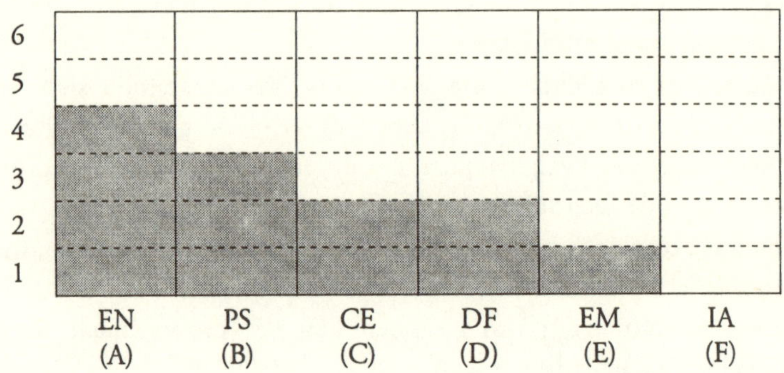

Se o seu perfil for assim, você é uma pessoa que não presta muita atenção aos seus sentimentos e que costuma ficar perplexa diante dos sentimentos alheios. Na maioria das vezes você não tem consciência das próprias emoções; até onde vai sua percepeção, elas não fazem parte da sua vida cotidiana. Nas ocasiões em que apresenta uma reação emocional muito intensa, você sente raiva ou medo e fará o possível para sobrepujar esse estado indesejável. Você precisa trabalhar sua Educação Emocional.

Perfil de consciência superior:

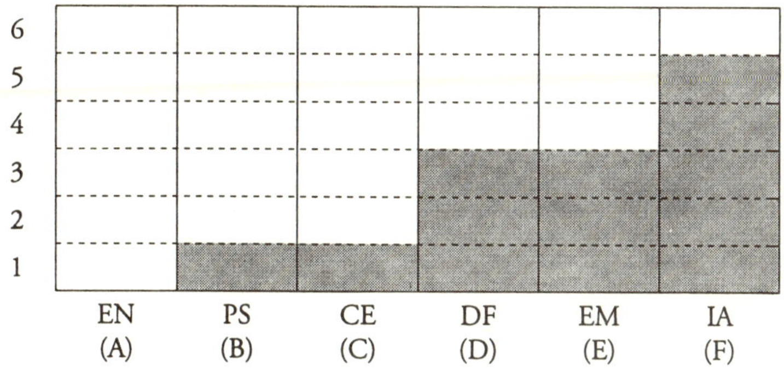

Se o seu perfil for assim, as emoções fazem parte da sua consciência cotidiana. Você sabe como, por que e com que intensidade se sente na maioria das vezes. Sente-se à vontade falando de temas emocionais e compreende as emoções das outras pessoas, mas poderá perceber que sua consciência é um problema. Se falar de suas emoções, você poderá criar problemas para si mesmo, e se não falar, poderá sentir-se um estranho em terra estranha, onde ninguém vê o que você vê. Você está em boas condições de desenvolver um elevado nível de Educação Emocional.

Perfil de consciência mediana:

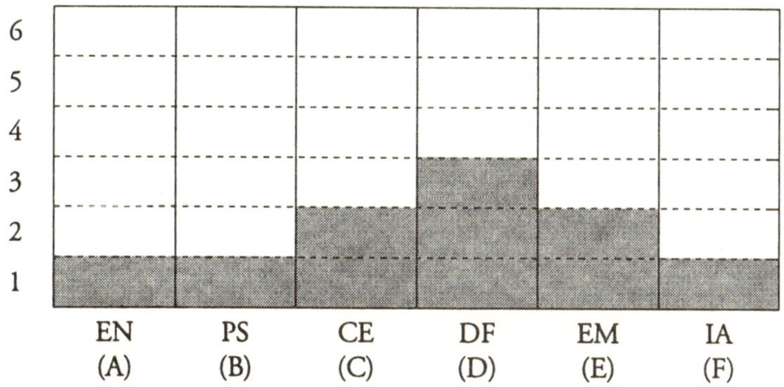

Se seu perfil for assim, você está consciente de seus sentimentos, mas nem sempre sabe o que fazer com eles. Compreende algumas emoções mas fica intrigado com outras. Você é capaz de empatizar em algumas ocasiões, mas em outras mostra-se frio diante dos sentimentos alheios. Na maioria das vezes, numa situação emocional, seus sentimentos são uma miscelânea caótica e aborrecida, da qual você tenta se livrar ignorando-os. Às vezes os sentimentos se resolvem, mas em outras ocasiões eles se tornam piores. Você é a pessoa que certamente mais aproveitará este livro.

Ir Além da Consciência

A consciência é um aspecto essencial do poder pessoal, mas, como já vimos, por si só não é suficiente para produzir as transformações que a Educação Emocional exige. À medida que ocorre a expansão da consciência emocional, o indivíduo torna-se capaz de aprender as aptidões adicionais necessárias à ampliação de uma atitude emocionalmente educada. O aprendizado da consciência e da educação são as lições fundamentais dos Capítulos 3 a 8.

RESUMO DO CAPÍTULO DOIS

Tomando Consciência das Próprias Emoções

A consciência é parte fundamental da educação emocional. Você pode fazer uma auto-avaliação utilizando uma escala de educação emocional e verificando como está.

A escala, que vai do nível mais baixo até o mais elevado, é a seguinte:

Insensibilidade: Você não tem consciência de seus sentimentos.

Sensações Físicas: Suas emoções são registradas fisicamente (por exemplo, na forma de dores de cabeça ou tonteira), mas você continua inconsciente das emoções em si.

Experiência Primitiva: Você tem consciência das emoções, mas não sabe o que significam. Não consegue discuti-las nem compreendê-las.

Diferenciação: Cruzando a barreira verbal e falando sobre seus sentimentos, você aprende a estabelecer a diferença entre emoções como raiva, amor, vergonha, alegria ou ódio.

Causalidade: Você é capaz não apenas de falar sobre cada emoção separadamente, como também de perceber as suas causas.

Empatia: Você está em contato com as emoções de outras pessoas.

Interatividade: Você é dotado de profunda sensibilidade para o fluxo das emoções circundantes e a maneira como interagem.

Conhecer as próprias emoções, tomar consciência delas em relação a você mesmo e às outras pessoas, eis o primeiro passo para alcançar a Educação Emocional.

3

Como Alcançar a Compreensão Emocional

Você não tem de viver em estado de insensibilidade emocional. Tampouco está condenado a passar a vida sentindo-se deprimido, irritado, ansioso, torturado pelos impulsos ou descontrolado. Se você for um empata verdadeiramente sensível, não é necessário deixar-se escravizar pelos sentimentos alheios. Com um ambiente estimulante e uma técnica eficaz, é possível transformar as próprias emoções numa fonte de alegrias.

Pesquisas mostram que até mesmo a cura de um grave trauma é possível num meio que permita a expressão de sentimentos fortes. Num ambiente emocionalmente educado, você pode ir diretamente ao âmago do seu problema e, lenta mas firmemente, começar a lidar com ele. As sensações produzidas pelo trauma emocional, inclusive *flashbacks*, pesadelos, acessos de ansiedade e períodos de depressão, decrescem com o passar do tempo ou até desaparecem quando são compartilhadas com amigos, parentes, terapeutas e membros compreensivos do grupo de terapia.

E além disso, você encontrará um novo eu emocional e suas relações com as pessoas sofrerão uma transformação.

Ora, a busca do próprio eu emocional pode afigurar-se uma aventura imprudente num mundo como o nosso. Aquelas pessoas de seu meio que mantêm sufocados os sentimentos fortes parecem levar vantagem — são capazes de manter o prumo quando outras são engolfadas pelos sentimentos. Contudo, a longo prazo uma vida verdadeiramente produtiva exige a inclusão de informações emocionais em nossas escolhas. Desde uma conversa rotineira sobre as notícias do dia, durante o café da manhã, até uma decisão crucial, como por exemplo escolher o próprio cônjuge, o conhecimento emocional é fundamental para uma existência eficiente e harmoniosa.

Poucas coisas são tão estimulantes quanto redescobrir ou aperfeiçoar nossos eus emocionais. É esse estímulo que desperta o interesse por *workshops* e cursos de Educação Emocional.

O Encanto de uma Existência Emocionalmente Educada

Verifiquei que, ao vislumbrarem as implicações de uma vida plena de Educação Emocional, o que freqüentemente impressiona as pessoas é o potencial de beleza. Essa explosão de entusiasmo faz de algumas delas guerreiras emocionais, numa cruzada contra a ignorância emocional.

Uma avó de 65 anos, viúva de pouco tempo, tomou parte em um de meus *workshops* na Alemanha e escreveu-me o seguinte:

> *Desde criança eu sabia que a vida podia ser diferente, e sempre tive a vaga impressão de que isso tinha a ver com honestidade de sentimentos e não abrir mão daquilo que se quer, aliado a um profundo amor por seu semelhante. Venho tentando amar as pessoas, amo minhas filhas e meus netos, mas agora percebo que o amor não é suficiente. Ele pode acabar em completo fracasso, como no meu casamento. A partir de agora, vou ser uma defensora da sinceridade emocional, menos do que isso não serve. Obrigada por me mostrar o caminho.*

Essa mulher estabeleceu uma meta tremendamente elevada, mas com determinação e coragem ela poderá chegar lá. Você também. Não de uma vez só, mas com o passar do tempo. O importante é dedicar-se sistematicamente. No final deste capítulo faço uma descrição breve dos três estágios de treinamento que desenvolvi para ajudá-lo a alcançar seu próprio alvo de sinceridade emocional: Abrir o Coração, Examinar o Panorama Emocional e Assumir a Responsabilidade.

Método de Treinamento

Primeiro vamos dar uma olhada no método de treinamento.

Venho observando ao longo dos anos que podemos descobrir uma abertura em nossas barreiras emocionais através da expressão de nossa natureza amorosa. O aprendizado da Educação Emocional começa e termina no coração.

Em meu trabalho com casais em crise, de ordinário as mulheres se queixam de que o homem não as ama ou pelo menos não ama o suficiente, não expressa seus sentimentos de carinho ou então aceita de bom grado demonstrações de afeto mas não as retribui.

Sem dúvida sempre há aqueles homens que simplesmente não amam suas esposas (ou companheiras). Entretanto, é mais comum os homens amarem as esposas mas sofrerem de uma incapacidade de demonstrar convincentemente seu amor. Com freqüência esses homens acabam perguntando-se por que não conseguem ser mais amorosos. Essa incapacidade de amar constitui um exemplo de insensibilidade emocional.

Comumente são as mulheres que fazem essa queixa dos homens, mas estes podem ter a mesma reclamação das mulheres — elas são frias e não demonstram afeição. A insensibilidade emocional de modo algum é exclusiva dos homens. Mas, qualquer que seja o sexo, a solução é a mesma: afrouxar os grilhões do coração.

Vou dar um exemplo: Jack e Gina chegaram ao meu consultório profundamente abalados. Depois de um ano e meio de casamento feliz, as coisas estavam indo por água abaixo. Andavam discutindo por "tudo", e as brigas estavam se tornando tão sérias que o relacionamento parecia destinado a terminar em desastre.

Numa rápida discussão preliminar, pude perceber que eles ainda estavam apaixonados, mas simplesmente eram incapazes de lidar com as questões emocionais que se amontoavam entre os dois. Eu poderia ter dedicado uma boa parte do tempo à infância de cada um, ou à tentativa de ser um mediador nas discussões, mas sugeri que começassem falando sobre os aspectos bons do outro, os quais haviam feito com que se apaixonassem.

Isso apaziguou-os e colocou-os em harmonia. Logo já estavam se tratando com educação, parecendo até mesmo satisfeitos ao recordarem os "bons tempos" do relacionamento. Em suma, haviam reaberto seus corações.

No decorrer do mês seguinte, estimulei-os a explorar a constituição emocional do parceiro. Utilizando técnicas do treinamento em Educação Emocional, pedi-lhes para detalhar o que sentiam um pelo outro, revelando sua ira, seus medos mais profundos e suas maiores esperanças. Quando concluíram a observação do panorama emocional do cônjuge, dispunham de um novo entendimento e valorização mútuos.

De posse dessa compreensão renovada, agora estavam em condições de reconhecer o quanto haviam prejudicado o relacionamento com uma série de deslizes prejudiciais que precisavam ser corrigidos.

Agora estavam prontos para aceitar a responsabilidade de seus atos. Com muita dificuldade, admitiram seus erros e aceitaram as desculpas do outro. Foi difícil, mas trouxe-lhes profundo alívio, freqüentemente misturado com lágrimas de alegria e esperança. O amor havia retornado e o relacionamento saíra fortalecido.

Resumidamente, este é o método utilizado pelo programa. Abaixo apresento cada uma das três etapas do processo de treinamento mencionado anteriormente.

1. Abrir o Coração: Esta etapa vem em primeiro lugar porque o coração é a sede simbólica de nossas emoções. É em nossos corações que nos sentimos bem quando estamos felizes, apaixonados ou alegres. É aí que nos sentimos mal quando estamos tristes, zangados e angustiados. Por isso começo libertando o centro de nossos sentimentos dos impulsos e influências restritivos que nos impedem de compartilhar o amor.

2. Examinar o Panorama Emocional: Uma vez implantados os fundamentos básicos para a abertura do coração, você está apto a dar uma olhada em torno e observar o terreno emocional em que vive. Cumpre-lhe aprender a perceber exatamente como está se sentindo, com que intensidade e o porquê. Você toma consciência do fluxo de suas emoções, observa de que maneira outras pessoas as vivenciam e como os sentimentos destas são influenciados por suas atitudes. Começa a entender de que maneira interagem as emoções como um todo, produzindo vez por outra violentos arroubos de sentimento que arrastam todos nós. Em suma, você passa a conhecer melhor os próprios sentimentos e os daqueles que o cercam.

3. Assumir a Responsabilidade: Para efetuar mudanças reais e duradouras em relacionamentos deteriorados, é preciso assumir a responsabilidade. Você pode abrir o coração e observar o panorama emocional dos que estão à sua volta, mas isso não basta. Quando as coisas vão mal entre você e os outros, fica difícil solucionar o problema sem tomar uma atitude firme. Cada um deve definir qual é o problema, admitir os erros e deslizes, corrigi-los e encontrar uma maneira de transformar a situação. E depois, claro, realizar a transformação.

As pessoas cometem pequenos e grandes erros em seus relacionamentos. Quando se erra, é necessário pedir desculpas e assumir a responsabilidade pelo que se fez. Evidentemente, é preciso efetuar a reparação e corrigir o próprio comportamento para que o erro não torne a acontecer.

Só que é mais fácil falar sobre tudo isso do que fazer. Raros são aqueles dotados de habilidade emocional suficiente para pedir desculpas de maneira sincera e transparente. É mais fácil deixar as desculpas de lado e procurar evitar a repetição do erro. Só que essa atitude não é tão eficaz quanto um pedido de desculpas. Entretanto as pessoas, na maioria das vezes, relutam em admitir, até para si mesmas, que cometeram um erro. Se conseguem reconhecê-lo para si, têm dificuldades em admiti-lo para os outros. Há aqueles que pedem desculpas com freqüência e desembaraço, mas nada fazem para mudar o próprio comportamento; portanto, suas desculpas são inexpressivas. Assumir a responsabilidade por nossos atos e corrigir o próprio comportamento é a fase final do treinamento em educação emocional.

Um Método Energizante

Talvez isso tudo esteja parecendo muito extenuante. Você pode estar achando que esse método vai deixá-lo exaurido, mas na verdade ele irá energizá-lo. Desperdiçamos um enorme volume de energia emocional quando a utilizamos para bloquear a expressão de nossas emoções. Seja guardando para nós um trauma que nos envergonha, refreando nossos impulsos afetuosos para não nos sentirmos constrangidos, ou sufocando uma lembrança dolorosa, malbaratamos quantidades impressionantes de energia quando reprimimos nossos sentimentos.

A expressão desses sentimentos não apenas liberta nossas emoções em toda sua plenitude, como também devolve-nos a energia que desperdiçamos ao sufocá-las. E permitir que o outro expresse suas emoções faz com que ele se aproxime de nós e nos poupa muita dor de cabeça e sofrimento. Por isso, aqueles que aprendem essas lições relatam um ganho de energia sensacional.

Trata-se de uma perspectiva estimulante, mas não devemos lançar-nos às cegas. A liberação dos sentimentos pode trazer complicações. As emoções podem descontrolar-se e provocar atitudes impulsivas. Portanto, é melhor avançar de maneira ordenada e prudente. Mostrarei exatamente como fazer isso, por meio de exercícios passo a passo bem detalhados.

Estratégias do Treinamento em Educação Emocional

Se praticar as três estratégias emocionais deste livro — Abrir o Coração, Examinar o Panorama Emocional e Assumir a Responsabilidade — você irá observar transformações radicais em sua percepção, atitude e eficácia emocionais.

Você aprenderá especialmente:

- A reconhecer o que você deseja e o que sente; a ser verdadeiro com suas emoções; a buscar a satisfação de suas necessidades emocionais.
- A lidar criativamente com as próprias emoções; quando refrear e quando expressar os sentimentos.
- A encarar o entorpecimento ou agitação emocionais e estabelecer contato com as outras pessoas.
- A colocar em prática seu conhecimento das emoções no trabalho, em casa, na escola, em grupos sociais e "na vida", ampliando e aprofundando suas relações e estabelecendo vínculos sinceros e duradouros com as pessoas.
- A exercitar uma visão do poder pessoal centrada no amor, numa sociedade que parece cada vez mais dura e desumanizada.

Por Onde Começar

Seguem-se os três estágios compostos cada um de quatro etapas do treinamento em educação emocional. Esse conjunto de interações emocionalmente educadas está organizado por ordem de dificuldade.

Talvez você perceba que já possui algumas aptidões das três ou quatro primeiras fases, preferindo começar pela quinta etapa. Ou talvez já esteja na fase 12, mas sinta necessidade de rever suas aptidões. Tudo bem. Mas você tem de entender todos os passos da Educação Emocional *antes* de poder começar a praticá-la eficientemente. Se não souber para onde está indo, será mais difícil encontrar o próprio rumo.

Os próximos estágios e etapas desse método funcionam como um mapa da transformação emocional. Leia-os com atenção. Eles irão ajudá-lo a perceber onde você esteve, onde está e aonde irá.

Estas são as etapas e estágios dos próximos capítulos:

Estágio Um: Abrir o Coração

1) Dar carinho
2) Pedir carinho
3) Aceitar e rejeitar carinho
4) Dar carinho a nós mesmos

Estágio Dois: Examinar o Panorama Emocional

5) Fazer a afirmações de Ação/Sentimento
6) Aceitar uma afirmação de Ação/Sentimento
7) Revelar nossos palpites intuitivos
8) Confirmar um palpite intuitivo

Estágio Três: Assumir a Responsabilidade

9) Pedir desculpas por nossos erros
10) Aceitar ou recusar pedidos de desculpas
11) Pedir perdão
12) Conceder ou negar perdão

RESUMO DO CAPÍTULO TRÊS

Como Alcançar a Compreensão Emocional

Não é preciso passar a vida emocionalmente entorpecido ou tiranizado pelos próprios impulsos. Num ambiente apropriado, com amigos, parentes ou terapeutas compreensivos, você poderá encontrar um novo eu emocional.

Você verá como a busca de um novo eu emocional pode ser empolgante e satisfatória. O método irá energizá-lo à medida que for experimentando o poder de suas emoções e deixando de desperdiçar energia para reprimi-las. Para isso, você precisa praticar:

Abrir o Coração: Com amigos compreensivos, você participa de atividades simples de troca de afeto.

Examinar o Panorama Emocional: Você observa o fluxo de suas emoções e das emoções daqueles que o cercam ouvindo de coração aberto e procurando entendê-las.

Assumir a Responsabilidade: Você admite que cometeu grandes e pequenos erros e magoou pessoas de suas relações. Você pede desculpa e busca a reparação.

4

Estágio Um:
Abrir o Coração

Um CORAÇÃO ABERTO é o pilar da Educação Emocional e o requisito para a prática eficaz dos dois estágios seguintes da Educação Emocional: examinar o panorama emocional e assumir a responsabilidade.

Nesta etapa do treinamento, aplicamos aquilo que aprendi com o exercício original do Centro da Carícia, isto é, o simples ato de trocar carícias positivas leva-nos a cultivar e educar nossas aptidões amorosas, além de permitir que nossos corações se abram. Por isso, o treinamento começa aqui; aprendendo a dar e receber afeto.

O Poder do Carinho

As pessoas interagem para obter carinho. Os carinhos podem ser físicos ou verbais. Carícias físicas são qualquer forma de toque: abraços, beijos, afagos, tapinhas nas costas, ficar de mãos dadas, pegar no colo.

Carícias verbais são afirmações que reconhecem positivamente alguma característica na outra pessoa. As carícias verbais podem dirigir-se à aparência, maneira de vestir, inteligência, generosidade, criatividade, educação emocional, bondade, integridade, conduta ética, aptidões práticas, dignidade, capacidade de liderança, talento artístico, sensibilidade ou perícia sexual, honestidade, alegria, sabedoria prática, elegância, tato ou quaisquer outros atributos que um indivíduo possua.

As características passíveis de um comentário positivo nem sempre são óbvias ou esperadas. Por exemplo, Jane pediu a David para dizer alguma coisa carinhosa sobre algo que não fosse sua aparência. E ficou surpresa quando ele afirmou: "Invejo sua capacidade de emocionar-se. Eu gostaria de ter tanta certeza do que sinto quanto você. Gosto de suas emoções fortes."

Jane tinha como certo que sua tendência a chorar no cinema ou durante uma discussão era irritante. Ficou surpresa (e satisfeita) quando descobriu que David admirava sua capacidade de demonstrar as próprias emoções.

Claro, nem sempre os carinhos são diretos ou verbalizados. Ouvir uma pessoa com atenção ou dar a alguém um ramo de flores no final da semana também pode constituir um carinho eficaz, um "carinho em ação", se preferir.

Marcel e Carrey são um bom exemplo de como os carinhos em ação podem ser importantes. Marcel é um professor muito ocupado. Tem uma agenda de aulas lotada e muito trabalho no comitê. Leva trabalho para fazer em casa e está sempre atarefado.

Marcel não é muito bom em dar carinhos verbais, mas Carrey, sua mulher, aceitou essa falha e o estilo de vida ocupado do marido porque ele é bastante eficiente nos carinhos em ação. Sempre que ela precisa conversar com ele, Marcel deixa o trabalho de lado e a ouve atentamente. Nos finais de semana, ele leva o café na cama e lhe dá pequenos presentes de surpresa. Em resumo, está sempre mostrando seu afeto por meio de seus atos, além dos carinhos físicos que compartilham sempre que há tempo. Carrey gostaria de ter conversas mais longas e desfrutar mais tempo com Marcel, mas ela lhe dá carinhos em ação com sua presença e apoiando-o em seu trabalho.

Ambos sentem-se bastante satisfeitos, embora troquem poucos carinhos verbais e tenham pouco tempo para a intimidade.

Todd e Louis, dois amigos de longa data, são outro exemplo de carinhos quase que exclusivamente no nível da ação. Encontram-se regularmente, falam sobre esportes e carros, saem para pescar ou tomar uma cerveja. O afeto e respeito mútuos são indiscutíveis; no entanto, nunca trocam carinhos físicos, e os carinhos verbais limitam-se ao trabalho ou atividades cotidianas. Eles recebem o carinho de que necessitam através da amizade. Contudo, essa amizade maravilhosa poderia ser ampliada se abrissem mais os corações e aprendessem a compartilhar carinhos verbais e até mesmo físicos.

Os carinhos podem variar na intensidade ou no tipo de reação que provocam. Alguns são "supercarinhos", pois são especialmente desejados. Quando era adolescente, por exemplo, ansiava ardentemente por ouvir elogios à minha aparência. Demorei anos para fazer a pergunta, e fiquei agradavelmente surpreso ao ouvir a resposta. Um supercarinho é também um gesto que provém de uma pessoa especial, como por exemplo um professor muito respeitado, nosso cônjuge ou alguém por quem estejamos apaixonados.

Por outro lado, temos carinhos negativos, os quais podem ser visivelmente nocivos, como no caso de insultos do tipo "por que você faz tudo errado?", ou sutis e prejudiciais, na forma de piadas.

Carinhos negativos podem ser extremamente prejudiciais para a psique. Tenho visto homens baixinhos que nunca se recuperaram das zombarias de que sua altura foi alvo na infância, embora tenham se tornado adultos de estatura mediana. Freqüentemente meninas altas tornam-se mulheres altas que andam curvadas apenas porque foram ridicularizadas pelos companheiros de escola.

Às vezes os carinhos negativos podem vir disfarçados como elogios, quando tomam por base a comparação entre duas pessoas.

Por exemplo, a mãe de Jean sempre lhe dizia: "Você tem a beleza da família, mas sua irmã Sara tem a inteligência."

Essa espécie de afirmação mostrou-se prejudicial para as duas meninas, que se tornaram ressentidas não apenas com a mãe, por dizer tal coisa, mas também uma com a outra. Demoraram um bom número de anos para perceber que as duas eram bonitas e inteligentes, e que a mãe as confundira negativamente com seu elogio tortuoso.

Outro exemplo de carinho que pode parecer positivo, mas na verdade é nocivo, são as comparações do tipo, "você é o mais sabido da família". Novamente, esse carinho pode parecer adequado, mas na verdade é prejudicial, pois desconsidera os outros membros da família.

Às vezes aquele carinho que tanto desejamos pode ser tão incisivo que se torna desagradável. A avó excessivamente afetuosa que sufoca os netos com seus beijos, ou o cônjuge que nos cumula de atenções superiores a nossas necessidades constituem dois exemplos de carícias inadequadas.

Finalmente, às vezes os carinhos podem ser insinceros; deveriam ser bons, mas raramente é isso que acontece.

Contratempos no Centro da Carícia

Nossa natureza básica clama por carinhos em abundância.

Infelizmente, nem sempre os carinhos fluem livremente, mesmo entre aqueles que se amam. Deveria ser simples e agradável tanto dar como receber carícias. Mas na maioria das vezes mostramo-nos desajeitados quando tentamos trocar carinho.

Um de meus clientes, Thomas, exemplificou essa problemática tão aflitiva. Ele descobriu que, todas as vezes que tentava dizer palavras de amor à esposa, sua garganta contraía-se como se alguma mão invisível o estivesse sufocando.

Embora soubesse o que queria dizer, literalmente não conseguia fazer com que as palavras saíssem. Certa vez, confrontado pela esposa, que lhe perguntou: "Você me ama?", logrou arrancar as palavras à força de sua boca. Mas só foi capaz de balbuciar um grasnido desagradável e praticamente ininteligível: "Ighh ghhluv ghuu."

Felizmente, a esposa tinha um grande senso de humor e, para alívio de Thomas, caiu na gargalhada.

"O quê?", ela exclamou.

"Eu te amo, eu te amo", ele replicou encabulado, reduzindo o impacto da mensagem com um tom de voz indiferente e constrangido.

Esse exemplo cômico de um problema comum mostra o medo e até mesmo a dificuldade física com que nos defrontamos quando tentamos falar de nossas emoções amorosas. As pessoas usam todo tipo de subterfúgios. "Você sabe que eu te amo", podem dizer. Ou: "Quantas vezes vou ter que repetir que te amo?". Ou: "Eu estaria aqui se não te amasse?".

Vez por outra a expressão do sentimento é empobrecida pelo tom de voz — irônico, irritado ou desprezível: "Tá, meu bem, é claro que eu te amo". De todo modo, o carinho não foi sincero. Aquele que pronunciou as palavras evitou expressar a emoção em toda sua plenitude e sinceridade.

Isso é tão comum porque poucos são os que se sentem verdadeiramente livres para amar sem restrições. Somos nós que refreamos o dar, receber ou aceitar carinhos. É especialmente difícil demonstrar carinho por nós mesmos. O que nos impede?

A Economia do Carinho

Existem regras não-escritas para os carinhos. Quando nós as infringimos, as pessoas lançam mão de censura ou mesmo hostilidade para impô-las.

Se você der um abraço carinhoso no seu amor numa rua movimentada, provavelmente algumas pessoas desviarão o olhar, constrangidas. Se trocar um beijo ou um carinho no ônibus, possivelmente na expressão dos outros passageiros haverá embaraço ou desaprovação. Se telefonar do trabalho para sua esposa ou marido e disser "eu te amo", estará dando margem a comentários do colega ao lado.

Entretanto, essas proibições não provêm de estranhos reprovadores, mas são também profundamente reforçadas pelo Pai Crítico que existe dentro de cada um de nós.

Quais são essas leis não-escritas que regem a troca de carinhos? De onde vêm?

Tomei consciência da interdição ao carinho pela primeira vez num dos encontros semanais com Eric Berne. Nessas reuniões, tentávamos diferentes "experimentos psicológicos" como forma de recreação depois de nosso encontro "científico". Numa ocasião, sugeri que experimentássemos um dos "jogos" praticados naquela época por membros de uma organização para tratamento de viciados em drogas. Nesse jogo, os participantes do grupo agrediam-se mutuamente com críticas ferozes. Agiam assim por acreditar que o caráter do dependente de drogas exigia esse tipo de abordagem mais rude para que pudesse mudar. Entregamo-nos com prazer ao jogo, e os comentários desagradáveis — alguns supostamente de brincadeira — fluíram livremente.

A experiência perturbou-me profundamente. Algumas coisas que foram ditas a meu respeito deixaram-me magoado, mas é claro que não revelei meu constrangimento aos outros. Eu ficaria embaraçado demais se admitisse como aquilo me magoara, e como desejava a afeição e o respeito do grupo. O que fiz foi propor que na semana seguinte fizéssemos exatamente o contrário e disséssemos coisas positivas e amorosas uns aos outros.

Todos concordaram. Mas na próxima reunião ninguém conseguiu pensar em nada que pudesse dizer. Acabamos conseguindo realizar o experimento, mas ficou claro que a produção de carinhos positivos era difícil, enquanto os negativos fluíam com facilidade.

Descobri que as pessoas sentiam-se inibidas não apenas ao dar carinho, mas também ao pedi-lo ou mesmo recebê-lo. E demonstrar carinho por si próprias era definitivamente um tabu.

Diana, integrante de um grupo de terapia, mostrou-me isso com clareza. Uma tarde percebi que ela pareceu constrangida quando alguém do grupo lhe fez um elogio. Questionei seu embaraço.

"Quando Robert disse que eu estava bonita", ela explicou, "receei que alguém do grupo pudesse pensar: 'Eu não acho'; que, se eu risse demais ou parecesse emocionada, as pessoas poderiam pensar que eu era carente, patética e digna de pena."

Sugeri como experiência que ela pedisse a Robert para repetir o elogio.

"Vou parecer tão patética e carente", ela insistiu, remexendo-se na cadeira.

Então, sugeri: por que não se dar o mesmo carinho? Diga a si mesma que você está bonita.

A essa altura ela já estava com lágrimas nos olhos. Quando perguntei por que estava chorando, Diana admitiu que o elogio de Robert tinha mexido com ela. Queria acreditar nele e agradecer-lhe, mas a possibilidade de permitir-se parecer satisfeita assustava-a profundamente.

Pedi-lhe para pensar por que estaria se sentindo assim. Depois de alguma reflexão, ela lembrou que, tanto no primário como no ginásio, os alvos mais prováveis de zombaria eram aquelas crianças impopulares que se mostravam mais satisfeitas consigo mesmas.

Ver isso acontecer repetidas vezes fez com que ela passasse a sentir medo de aceitar carinhos, especialmente algum carinho que realmente desejasse. Se aceitasse, poderia revelar a própria emoção publicamente e, na sua cabeça, iria fazer um papel ridículo. Diana não tinha dificuldade em dar carinho, mas apresentava severas inibições para aceitar, pedir ou dar-se carinho.

Infelizmente, Diana não era exceção. Alguns de nós rejeitamos qualquer tipo de carinho que nos é oferecido. Muitos, como Thomas, também engasgam quando tentam dar carinho. Todas essas reações impedem nossa proximidade das outras pessoas.

Você já sentiu uma grande vontade de dizer a uma pessoa que a amava ou apreciava e percebeu-se incapaz de fazê-lo? Ou já se pegou pensando se um amigo, um parente, um namorado ou um cônjuge realmente o amava e, caso a resposta fosse sim, de que maneira e por que razões? Já pensou em perguntar diretamente à pessoa, mas logo em seguida repudiou a idéia?

Tudo isso é resultado de nossa submissão às leis da economia de carinho.

As Leis da Economia de Carinho

A Economia de Carinho é um conjunto de regras impostas por nosso Pai Crítico, aquela voz crítica que temos dentro de nós e que nos impede de dar e receber carinhos positivos. As leis segundo as quais o Pai Crítico quer que vivamos são as seguintes:

- Não dê os carinhos que quer oferecer.
- Não peça os carinhos que deseja.
- Não aceite os carinhos que deseja.
- Não rejeite os carinhos que não deseja.
- Não dê carinho a si próprio.

Por Que as Pessoas Aceitam Carinhos Negativos

Quando as pessoas obedecem as ordens da economia do carinho, a quantidade de carícias trocadas sofre uma redução substancial. As pessoas tornam-se famintas de carinho. Um dos efeitos colaterais importantes e prejudiciais é que os indivíduos começam a aceitar ou até mesmo a buscar as carícias negativas porque não conseguem obter as positivas. Assim como pessoas morrendo de fome ou de sede comerão alimentos podres e beberão água poluída, elas também aceitarão carinhos negativos quando não conseguirem os positivos.

Uma das descobertas mais importantes que fiz ao longo dos 20 anos em que venho ensinando a educação emocional é que, ao infringirem sistematicamente as leis da economia de carinho, e serem submetidas a uma dieta constante de carinhos positivos, as pessoas automaticamente abrem seus corações e experimentam sentimentos de amor que antes nunca haviam saboreado, e o efeito irá disseminar-se para a família e os amigos. Tenho visto muita gente desenvolver suas aptidões amorosas durante um certo período de tempo apenas dando, pedindo e aceitando os carinhos que desejam, rejeitando aqueles que não querem e dando carinho a si mesmas.

Começaremos pela primeira etapa: dar carinho.

PRIMEIRA ETAPA

Dar Carinho

Como oferecer afirmações sinceras de afeto

Nós sentimos amor e vontade de dar carinho em diferentes níveis — a demonstração sutil de carinho pelo filho de um vizinho, a afeição por um velho amigo, o anseio de unir-se ao ser amado. Entretanto, demasiadas vezes esses sentimentos não são demonstrados.

Mas, antes de você começar a dar carinho, quero explicar as regras básicas de todos os exercícios de educação emocional que serão apresentados neste livro.

- Pedir permissão. Respeitar os limites e os sentimentos das outras pessoas.
- Ser sincero. A honestidade é um requisito básico da Educação Emocional.
- Enfrentar seu Pai Crítico.

Pedir Permissão

Qualquer comunicação emocional pode constituir uma experiência intensa.

No treinamento em educação emocional, não é incomum ver pessoas chorando quando recebem um carinho profundamente desejado, quando lhe fazem determinada pergunta ou quando recebem um pedido de desculpas necessário.

Mas outras razões, além da reação emocional intensa, exigem um pedido de permissão ao outro para falar sobre carinhos ou quaisquer outros tópicos emocionais:

- avisar que um comunicado difícil vai ser feito;
- dar à pessoa a oportunidade de preparar-se para ouvir;
- dar à pessoa a escolha de tratar do assunto naquele momento ou não (talvez ela esteja com uma dor de cabeça lancinante, ou tenha uma prova importante na manhã seguinte).

Seguindo esta abordagem, estamos assegurando um solo fértil para nossas declarações, possibilitando a elaboração de respostas produtivas.

Pedindo permissão sempre que vamos iniciar uma interação emocional, evitamos que o outro sofra um choque, mostre-se defensivo, sinta medo ou até mesmo raiva.

O mais importante, contudo, é que o receptor tenha verdadeiramente uma escolha. Precisamos estar preparados para aceitar que talvez aquele não seja o momento mais adequado para nossa declaração e, neste caso, estar dispostos a esperar por uma oportunidade melhor.

Se formos com calma e moderação, estaremos preparando a nós mesmos e a outra pessoa para a reação emocional intensa que poderá ocorrer.

Isto é feito da forma mais elementar. Sempre que estiver planejando dar carinho ou abordar uma questão de cunho emocional, o outro sempre deve ser preparado através de um pedido de permissão.

É bom dar uma idéia do que se pretende dizer, com um comentário do tipo: "Posso falar de uma coisa que gosto em você?", ou: "Eu gostaria de comentar uma sensação que tive enquanto conversávamos outro dia", ou: "Quero te pedir desculpas por uma coisa que eu disse ainda agora."

Outras formas de pedir permissão:

- "Posso contar o que mais gosto em você?"
- "Estou com uma sensação que tem me preocupado ultimamente. Posso te dizer o que é?"
- "Está acontecendo uma coisa entre nós e não estou gostando. Você está interessada em saber o que é?"

Educação Emocional exige coragem, e a experiência pode afigurar-se demasiado assustadora. Comece com perguntas mais simples: "Posso te dizer uma coisa?", seguidas de um pequeno elogio, e vá avançando gradualmente. À medida que for se sentindo melhor e mais à vontade, você perceberá que as situações intimidadoras e aparentemente insolúveis serão cada vez mais raras; você saberá mostrar-se à altura das situações e dizer o que for necessário.

Muitos temem que esses preâmbulos sejam embaraçosos. Isto acontece porque aquilo que precisa ser feito é fora do comum, pode parecer antinatural e alvo de zombaria. O diálogo emocional pode ser descartado como tagarelice psicológica ou ridicularizado por pessoas que não se sentem muito à vontade com as próprias emoções.

No entanto, esses métodos são importantes para produzir as mudanças que estamos tentando efetuar.

Embora possa parecer estranho pedir permissão para fazer qualquer espécie de afirmativa emocional, com o tempo a prática irá removendo essa estranheza. Até que esse ritual aparentemente singular será como que uma segunda natureza. Você se tornará emocionalmente educado o suficiente para identificar as ocasiões que exigem uma permissão formal e aquelas nas quais você simplesmente pode ir em frente e dar carinho.

Ser Sincero

Ao longo deste livro o tema da sinceridade surgirá várias vezes. A Educação Emocional não pode desenvolver-se verdadeiramente num ambiente de mentiras ou desonestidade sutil. Se as pessoas quiserem sentir confiança umas nas outras, o que é necessário para alcançar as aptidões que ensino aqui, elas terão de assumir um compromisso com a sinceridade e honestidade (ver Notas aos Filósofos e Verdades e Mentiras). Dar carinho é a primeira oportunidade de praticar o princípio da sinceridade.

Um carinho tem de ser sincero, não artificial. Tudo o mais poderá tornar-se confuso e contraproducente.

Nossas aptidões intuitivas desenvolvem-se à medida que nossos corações vão se abrindo. Nossa intuição se confunde quando recebe um carinho que é oferecido como se fosse honesto e sincero, mas que na verdade produz uma sensação de falsidade e artificialidade.

Quando decidimos dar um carinho, devemos estar seguros de que ele é autêntico. Para alguns a sinceridade é fácil porque sabem como se sentem verdadeiramente. Para outros, é aí que o aprendizado tem início.

Por exemplo, Daphne desde muito cedo aprendeu que era importante ser agradável e dizer coisas agradáveis às pessoas.

Depois de anos dizendo coisas agradáveis sem jamais levar em conta a verdade daquilo que expressava, Daphne não sabia mais o que realmente sentia pelas pessoas ou de que gostava ou deixava de gostar nelas. Por isso, ela precisa concentrar-se para tomar consciência de seus verdadeiros sentimentos.

Vez por outra, quando está sendo verdadeira consigo mesma, ela percebe que não tem nada de lisonjeiro para dizer. Quando isso acontece, Daphne não consegue expressar honestamente um carinho verbal. Nestas ocasiões, seu Pai Crítico faz com que se sinta muito culpada, e ela retorna aos valores com os quais foi educada, inventando um carinho, seja ele sincero ou não. Agindo assim, Daphne se esquece de que simplesmente ouvir alguém, tocá-lo levemente ou sorrir também pode constituir um carinho; um carinho em ação, como expliquei.

O que ela precisa fazer é manter-se firme, entrar em sintonia com o que está sentindo e resistir aos resmungos de seu Pai Crítico, que fica insistindo: "Diga alguma coisa agradável, idiota!". Se não for verdadeira consigo mesma, Daphne não poderá sê-lo com os outros. E as pessoas sabem quando ela não está dizendo a verdade.

Enfrentar seu Pai Crítico

O maior problema quando vamos dar carinho é nosso Pai Crítico, que pode agir como um carcereiro emocional, apresentando-nos mensagens desanimadoras que nos impedem de entrar em contato com nossas verdadeiras emoções. Eis algumas mensagens que nosso Pai Crítico sussurra ou esbraveja para impedir-nos de dar carinho:

- Se a outra pessoa não quiser o carinho, farei papel de bobo.
- O meu carinho é inadequado, mal formulado e desajeitado. Se falar, vou parecer um idiota.
- Isso vai parecer uma cantada.
- De qualquer maneira parecerá uma delicadeza falsa, então para que correr o risco?
- Alguém poderá pensar que estou carente ou louco para fazer amigos.
- Se eu me emocionar demais, deixarei todos constrangidos e vou ficar transtornado. Por exemplo: "Se eu disser à minha irmã que senti muito sua falta, talvez comece a chorar. Aí ela vai ficar embaraçada e eu também, e ambos vamos nos sentir como dois idiotas. O melhor é dizer apenas: 'Que bom te ver!' e deixar por isso mesmo."

Sendo destemidos e confiantes, nos empenhamos em progressiva batalha contra nosso Pai Crítico.

À medida que percebemos como nossos carinhos são valorizados, começamos a receber carinhos em troca e saciamos nossa profunda fome de carinho. Compreendemos como na verdade as regras da Economia de Carinho são equivocadas. Quando isso acontece, a voz do Pai Crítico vai perdendo gradualmente seu poder de nos inibir.

Por exemplo, Melanie é tímida quando se trata de dar carinho, e gostaria de ser mais generosa. Ela quer ser mais carinhosa com sua amiga Janelle, que está se mudando para Nova Iorque.

Ela diz a Janelle que seu novo corte de cabelo está maravilhoso. "Você acertou, corte sempre assim!", sugere Melanie entusiasmada. Para sua surpresa, Janelle solta uma risada nervosa e não diz palavra. "Falando sério, ficou perfeito para você", acrescenta Melanie. Nenhuma reação.

Depois de tanto esforço para fazer um carinho sincero, Melanie acabou magoada e decepcionada. Mais tarde, pensando a respeito, ela percebeu que o carinho fora abrupto, sem nenhum pedido de permissão. Talvez Janelle não estivesse à vontade com a própria aparência e não tenha acreditado nos elogios.

Ela decide que da próxima vez pedirá permissão.

Na ocasião seguinte, depois que Janelle contou uma piada muito engraçada, Melanie disse, ainda rindo: "Sabe de uma coisa?".

"O quê?"

"Posso dizer uma coisa que gosto em você?"

"Tudo bem", diz Janelle, sem muita ênfase.

"Gosto muito de seu senso de humor. Pelo menos ainda poderemos rir juntas pelo telefone depois que você se mudar."

Janelle sorriu, parecendo um pouco triste. Finalmente Melanie havia encontrado um carinho que Janelle era capaz de retribuir.

Encorajada por seu sucesso, Melanie dirige-se a Janelle.

"Posso falar mais uma coisa? Sabe, você é como uma irmã para mim; vou sentir muitas saudades suas!"

Agora Janelle não sabe o que dizer. Sorri nervosamente, depois fica séria, promete telefonar tão logo chegue a Nova Iorque.

Mais uma vez Melanie fica decepcionada. O que saíra errado? Será que Janelle sentia-se culpada por ir embora? Será que despedidas emotivas a deixavam constrangida? Melanie decide comprar um cartão para Janelle, onde escreve:

Querida Janelle,
Ontem à noite tive a impressão de que a deixei embaraçada quando falei que você era como uma irmã para mim e que vou sentir saudades. Não sei bem como recebeu o que eu disse, mas para mim o mais importante é que saiba como sua companhia sempre foi agradável e como você é engraçada e inteligente. Desejo-lhe tudo de bom em seu novo lar.

Para satisfação de Melanie, Janelle mandou-lhe um cartão-postal duas semanas depois:

Querida Melanie,
Recebi seu cartão adorável. Também te amo. Muito ocupada. Não vamos perder o contato.

Sua irmã nova-iorquina,
Janelle

Avançando passo a passo, aprendendo a pedir permissão e usando em seguida a comunicação escrita para dar a si mesma e a Janelle uma pausa para tomarem fôlego e vencerem o acanhamento, Melanie foi aprofundando gradualmente o conhecimento da troca de carinhos. Melanie foi deixando de lado o medo e o constrangimento iniciais, evoluindo pouco a pouco, desde as mais simples até as mais profundas expressões da emoção amorosa e positiva.

Com o tempo, tanto ela quanto Janelle adquiriram uma liberdade maior no intercâmbio do afeto. Isto só aconteceu porque Melanie decidiu que queria ser carinhosa com Janelle, e não se deixou dissuadir por seu Pai Crítico nem pela incapacidade inicial de Janelle de receber carinho.

Com a prática, as coisas vão-se tornando mais fáceis. Comece aos pouquinhos e vá avançando gradualmente.

A Poesia dos Carinhos

Uma carícia deve ser um poema de amor. Às vezes breve e tímida, ou clara e livremente expressa. Uma palavra ou um longo parágrafo, mas sempre do fundo do coração, sempre auspiciosa e sincera. Mesmo se for um carinho em ação, sem palavras ou contato físico, a carícia funciona porque é um ato de generosidade e amor que estendemos a outra pessoa. Se quisermos abrir nossos corações, teremos de examinar nossas vidas e nos perguntar quantas vezes ao dia realmente cumprimos essa função básica da natureza humana: expressar amor de maneira quase imperceptível, apaixonadamente ou num nível intermediário, seja no seio de nossa família, no trabalho ou na rua. E se descobrimos, como é tão comum, que estamos privando outras pessoas de nosso amor, teremos de fazer algo sobre isso e seguir em frente contra todas as dificuldades.

SEGUNDA ETAPA

Pedir Carinho

Requisitando os carinhos de que necessitamos

É bom receber carinho, mas às vezes eles não estão disponíveis ou, se estão, não são aqueles que queremos.

Podemos passar anos esperando, silenciosa e timidamente, para saber se aqueles que nos cercam nos consideram inteligentes, criativos, bonitos ou atraentes. Tentamos adivinhar se vêem em nós essas qualidades positivas. Simplesmente nunca perguntamos. Obedecemos de tal maneira ao Pai Crítico que a idéia sequer nos ocorre. Mas há momentos em que precisamos pedir carinho. Nesse ponto temos de decidir o que pedir e a quem.

É mais arriscado pedir do que dar carinho.

Nunca estamos completamente seguros de que vamos receber os carinhos que queremos. Talvez o outro não seja realmente capaz de nos dizer aquilo que gostaríamos de ouvir. Portanto, é mais arriscado pedir um carinho específico ("Você acha que eu canto bem?" ou "Me dá um abraço?") do que qualquer forma de carinho que a pessoa possa dar, seja físico ou verbal.

O perigo dessa última forma é recebermos um carinho indesejado. A verdade é que na grande maioria dos casos, quando pedimos, podemos receber o que queremos. Por exemplo:

"Oi, Daphne. O meu dia hoje está péssimo. Fico constrangido em dizer isso, mas estou realmente precisando de um apoio moral para minha escrita. Você tem algum carinho para me dar?" Normalmente esse tipo de diálogo é complicado, tornando-se quase impossível porque as pessoas esperam que a outra minta por cortesia. Por isso é tão importante ter bons amigos ou um namorado ou cônjuge, alguém que seja sincero e delicado. O passo mais importante rumo à Educação Emocional é encontrar alguém para compartilhar esse aprendizado.

Quando encontra uma pessoa interessada no diálogo afetuoso e cordial, você tem meios de dizer coisas do tipo:

"Acabei de comprar essa calça. Você gosta? Fico bem com ela?"

Ou:

"Escrevi uma carta para o editor do jornal. Você quer ler e me dizer se gostou?"

Ou:

"Acabei de ter uma conversa difícil com meu filho adolescente. Não sei se estou sendo bom pai. Você pode me dar algum apoio para minha qualidade de pai?"

Ou:

"Olhei-me ao espelho hoje de manhã e percebi novas rugas no meu rosto. Tenho receio de estar ficando velho e feio. Pode me dizer algo em meu rosto que você aprecia?"

Ou:

"Estou me sentindo muito sozinho nesta festa. Todo mundo está se divertindo. Você quer dançar comigo?"

TERCEIRA ETAPA

Aceitar e Rejeitar Carinhos

Aceitando carinhos que desejamos e rejeitando aqueles que não queremos

Todos precisamos de carinho, assim como precisamos de alimento. Quando ficamos sedentos de carinho, as coisas podem se complicar. É possível que nos tornemos confusos a respeito dos carinhos a receber ou rejeitar.

Podemos nos tornar sedentos de carinho simplesmente porque não estamos recebendo nenhum que seja significativo. Mas com freqüência somos carentes de carinho porque nos recusamos a aceitar aqueles que estão disponíveis. Talvez estejamos sendo muito exigentes com os afetos que desejamos e recusando todos os outros, ou quem sabe estamos desenvolvendo uma espécie de anorexia por carinho, tornando-nos voluntariamente famintos de afeto. Finalmente, talvez nos ofereçam carinhos tóxicos, mas que parecem atraentes.

Com todas essas complicações, é grande a probabilidade de rejeitarmos todos ou a maioria dos carinhos que recebemos, mesmo se forem positivos e necessários. Podemos ter uma dessas atitudes:

- Agradecemos mas damos de ombros e descartamos o carinho com um sorriso;
- Retribuímos prontamente com outro carinho, não nos permitindo assimilar o elogio recebido ("Obrigado, eu também adorei os seus sapatos.");
- Podemos até mesmo contestar o carinho e menosprezá-lo ("Imagine, foi fácil salvar a sua vida, qualquer um teria feito o mesmo.").

Via de regra a rejeição de um carinho acontece internamente, embora aparentemente estejamos aceitando.

Nesses casos, freqüentemente a rejeição se torna clara graças a gestos e atitudes físicas reveladores. Dar de ombros, demonstrar tristeza no olhar, sacudir a cabeça, lançar um olhar de dúvida ou perplexidade, ou dar um sorriso nervoso. Todos são sinais externos de que estamos fingindo aceitar o carinho. Contudo, internamente, o que de fato estamos ouvindo é nosso Pai Crítico dizendo que não devemos acolher esse afeto.

Quando alguém afirma que somos atraentes, entusiasmados, espertos, profundos, divertidos, emocionados, compassivos, carismáticos ou despreocupados e joviais, nosso Pai Crítico nos impede de desfrutar o elogio ao insistir que:

- Essa pessoa não nos conhece, portanto, não pode ser levada a sério.

- Mesmo que ela nos conheça, temos alguma coisa obscura e secreta que torna o carinho imerecido.
- O elogio é tão-somente uma tentativa de mostrar educação ou um esforço generoso para que nos sintamos melhor.
- Outra pessoa é mais merecedora de carinho, portanto, não temos o direito de aceitá-lo.
- Aceitar elogios indica falta de modéstia e vaidade.
- Ficaremos constrangidos se aceitarmos o carinho.
- Revelaremos nossos sentimentos publicamente e deixaremos os outros embaraçados.
- Aceitamos carinhos com demasiada facilidade, somos carentes e sedentos de afeto, portanto, excessivamente ansiosos para merecermos elogios.

Estudo de Caso: Aceitação

Num de meus *workshops* de treinamento, depois de explicar a economia de carinho e definir as regras básicas (nada de jogos de poder, imposições ou mentiras), convidei os participantes a irem em frente e violarem as leis da Economia de Carinho.

Seguiu-se um silêncio pensativo. Após um período de troca de carinhos, Anna pôs-se a explicar como se sentia livre para dar carinho, mas não para receber. Perguntei se ela queria dar um jeito nisso. Timidamente ela assentiu e perguntei o que ela queria fazer. "Eu gostaria de fazer um carinho em todos que estão aqui", disse.

Afirmei que isso seria muito bom, mas talvez fosse um tanto fácil demais. Que tal pedir a todo mundo para lhe dar carinho? A idéia deixou-a confusa, e ela recusou sacudindo a cabeça.

"Bem, nesse caso, e se uma única pessoa fizer um carinho em você?"

Anna pensou um pouco e concordou: "Está bem", disse.

"Creio que você deve pedir", sugeri. Foi bastante difícil, mas finalmente ela disse ao grupo: "Eu gostaria que alguém me desse carinho."

Valery ofereceu-se animadamente.

"Que bom que pediu, posso lhe fazer um elogio?"

"Tudo bem", disse Anna.

"Eu já te conheço há alguns anos, e o que mais aprecio em você é sua meiguice e amorosidade."

O rosto de Anna anuviou-se. "Obrigada", respondeu.

Percebi que o elogio não havia funcionado.

"Anna, posso fazer uma pergunta? Você recebeu esse carinho?", indaguei.

Ela pensou um pouco e disse que não. Explicou que, ao ouvir o elogio, também escutou seu Pai Crítico dizendo: "Ela não te conhece de verdade. Essa meiguice é fingida, sempre se mostrando carinhosa e nunca sendo você mesma."

Voltei-me para Valery e perguntei se ela concordava que não conhecia Anna. Valery respondeu:

"Sei que às vezes ela não é franca, mas a Anna é tremendamente amorosa, disso eu tenho certeza."

Virei-me para Anna e indaguei se ela acreditava em Valery. Ela fez que sim. "Sabe de uma coisa, Anna?" Anna fitou-me com curiosidade. "Acho que, para consertar as coisas, você deve pedir desculpas a Valery. Ela lhe fez um elogio sincero e você preferiu dar ouvidos ao seu Pai Crítico e rejeitar o carinho. Quer fazer isso e pedir a ela para repetir o elogio?"

Anna concordou. Desculpou-se e voltou a pedir um carinho. Desta vez ela ouviu, sorriu satisfeita e, enrubescendo, respirou fundo.

Sem dúvida Anna havia ultrapassado uma grande barreira, e todos estavam contentes.

Quando oferecemos um carinho e temos a impressão de que não foi totalmente aceito, é importante verificar. "Você ouviu o que eu disse? Você aceita? Você acredita em mim?"

"Parece que você não recebeu muito bem o meu elogio, não foi?"

Pode afigurar-se tremendamente difícil fazer com que alguém receba um carinho sincero, mas vale a pena o esforço. Dar um carinho que é rejeitado ou desprezado pode constituir uma experiência constrangedora e decepcionante para ambos os lados; portanto, é no mínimo sensato insistir:

- "Por favor, aceite o elogio. Estou sendo sincero."
- "Você não gostou do que eu disse? Por quê? Existe alguma outra maneira de expressar isso?"

Lembre-se que vez por outra os carinhos são como água numa planta ressequida. A princípio a água permanece na superfície e nada parece acontecer, até que finalmente ela é absorvida pela terra e nutre a planta. Ocasionalmente pode ser necessário até mesmo regar a planta repetidas vezes para que o efeito possa ser sentido.

Por isso é importante observar as pessoas ao receberem o seu carinho. Pelo comportamento delas você pode dizer se o carinho está sendo absorvido ou rejeitado. Um suspiro profundo ou uma expressão de contentamento são o melhor sinal de que o carinho foi ouvido e, o que é mais importante, aceito.

Rejeitar Carinhos Indesejáveis

O exemplo mais óbvio são os carinhos sexuais por parte de alguém em quem não estamos interessados. A maioria das mulheres pode confirmar como é difícil rejeitar avanços sexuais indesejáveis. Uma mulher pode sentir-se incapaz de recusar um comentário de cunho sexual por considerar uma indelicadeza pedir à pessoa que pare. Aprender a rejeitar carinhos indesejáveis constitui uma aptidão valiosa — devemos interromper o carinho indesejável para evitar uma situação ainda mais constrangedora ou incômoda.

Além disso, quando adultos ou crianças mais velhas sujeitam crianças ou adolescentes a carícias sexuais, são inegáveis os prejuízos acarretados por esses contatos.

Curiosidade e carência de atenção podem levar a criança a aparentemente concordar com as carícias sexuais, que mais tarde irão revelar-se emocionalmente nocivas. Quando conversamos com as crianças sobre abusos sexuais, na verdade estamos ensinando como rejeitar carinhos prejudiciais e, se necessário, escapar de (e denunciar) alguém que não aceita um "não" como resposta.

Há outros carinhos indesejáveis que são menos óbvios do que os citados acima. Não são contatos ameaçadores, mas sim carícias que parecem nos tornar limitados.

Por exemplo, uma bela mulher pode acabar cansando-se de ouvir elogios à sua beleza. Quando lhe fazem esse carinho, talvez ela se sinta limitada, como se isso fosse tudo o que as pessoas conseguem perceber nela. Se concluir que o afeto alheio toma como base tão-somente a sua beleza, sempre terá de fazer o papel da mulher bonita.

Na verdade, ela pode estar ansiosa para que prestem atenção em suas idéias, em seu trabalho ou em sua integridade. Com o treinamento em educação emocional, ela aprenderia a explicar:

"Desculpe, mas ultimamente tenho percebido que você só elogia minha aparência. Acho que estou sentindo meus outros atributos negligenciados. Por exemplo, eu queria muito que você me parabenizasse pela promoção que recebi no trabalho. Mas sei que você não quis me ofender nem decepcionar. Será que, em vez de elogiar minha aparência, você poderia me dar outro tipo de carinho?"

Da mesma maneira, um homem trabalhador que é sempre elogiado por sua diligência profissional e responsabilidade poderá cansar-se desse tipo de elogio.

Quem sabe ele gostaria de ter um pouco mais de divertimento, mas acha que só é valorizado por sua disposição para o trabalho. Ou talvez possua outros talentos ou qualidades admiráveis que parecem passar despercebidos, tais como seu jeito com os filhos.

Quando as pessoas começam a ressentir-se com um carinho que habitualmente recebem, de modo geral isso significa que acreditam que devem representar sempre o mesmo velho papel para serem apreciadas. É importante ouvir atentamente alguém que nos pede um carinho diferente, valorizando sua honestidade.

É claro que rejeitar um carinho indesejável pode ser embaraçoso e trazer até mesmo prejuízos para o relacionamento. Afinal de contas, quando alguém lhe faz um elogio sincero, espera ouvir pelo menos um "obrigado".

Nesses casos, é importante declinar o carinho com delicadeza. Explique de coração aberto o porquê e diga o que você preferiria ouvir, pedindo o carinho que realmente deseja.

Separando o Joio do Trigo

O mais difícil nessa iniciativa é separar os carinhos que desejamos daqueles que não queremos, e distinguir os carinhos que são bons para nós daqueles que podem ser nocivos.

Quando temos a impressão de que não queremos determinado carinho, precisamos nos fazer a seguinte pergunta: "Estou rejeitando esse carinho porque é desagradável para mim ou será que se trata de um carinho perfeitamente válido que meu Pai Crítico não quer me permitir?".

Se concluímos que o carinho oferecido é bom e nós o desejamos, precisamos ir contra nosso Pai Crítico e aceitá-lo. Se resolvemos que é negativo ou redundante, devemos rejeitá-lo.

Ultimamente está surgindo um movimento coletivo para ajudar as pessoas a rejeitar carinhos que não querem. É uma evolução bastante positiva que protege principalmente mulheres e crianças dos prejuízos ocasionados pelos carinhos indesejáveis.

O lado negativo desse movimento é que erigimos barreiras adicionais contra todo tipo de carinho. As pessoas receiam que carinhos sinceros sejam mal interpretados e elas sejam consideradas estúpidas ou, em alguns casos, o simples ato de pegar no colo uma criança chorando ou mostrar-se simpático com o colega de trabalho possa ser considerado abuso sexual.

Essa recente fobia ao carinho torna-se mais evidente no modo como aqueles que trabalham com crianças estão se privando de demonstrar-lhes qualquer afeto físico, por mais inofensivo que seja. O medo de alguma acusação contribui grandemente para o entorpecimento emocional dos indivíduos e para o aumento da alienação social e da depressão.

Por isso é cada vez mais importante ensinar a distinção entre os carinhos que queremos e que nos são benéficos e aqueles que são negativos e devem ser rejeitados.

QUARTA ETAPA

Dar Carinho a Nós Mesmos

Ampliando nossa confiança por meio do amor-próprio saudável

Embora não exista um verdadeiro substituto para os carinhos que recebemos de outras pessoas, saber dar carinho a si mesmo constitui uma aptidão fundamental que pode ser tremendamente útil quando nos vemos numa situação difícil e longe de pessoas que nos dariam carinho.

Na grande maioria das vezes, somos condicionados a considerar os "tapinhas nas costas" que damos a nós mesmos como falta de modéstia e vaidade, ou quem sabe como carência, tolice e humilhação.

Não há nada de constrangedor em dar carinho a si próprio, mesmo que você não esteja grandemente necessitado dele. Talvez você tenha algumas qualidades que os outros ainda não conhecem. Ou talvez as pessoas que o cercam estejam sendo sovinas em suas demonstrações de carinho e você precise de mais do que está recebendo.

Nesses casos, é perfeitamente correto dar carinho a si mesmo.

Por exemplo, depois que todos devoraram a bela refeição que Colin havia preparado, ele correu os olhos pela mesa e perguntou: "E aí, gostaram?".

Todos assentiram animadamente, mas não se estenderam numa resposta mais específica.

Um tanto decepcionado com a falta de elogios, Colin observou:

"Bem, se vocês me perguntassem, eu diria que o frango estava muito suculento e o arroz, bem temperado e soltinho. Dei duro para que saísse assim. Estou vendo que vocês todos gostaram, e estou muito satisfeito."

"Você está aborrecido com a gente? Nós gostamos mesmo, de verdade. Eu sei que gostei", disse Carrie, preocupada se Colin os estaria repreendendo pelas reações insossas.

"Não, não, eu só estava me congratulando um pouquinho pelo bom trabalho que fiz", ele declarou. Os outros sorriram aprovadoramente, contentes com o ambiente relaxado e franco.

Combatendo o Pai Crítico

Temos especial necessidade de dar carinho a nós mesmos como uma maneira de neutralizar os carinhos negativos que recebemos de nosso Pai Crítico, que nos diz que somos estúpidos, maus, dementes, feios ou fracassados. Para isto precisamos saber como reagir aos seus ataques.

Se o seu Pai Crítico disser que você é obtuso, irresponsável e não é confiável, será preciso ser capaz de dizer a si mesmo algo assim: "Eu sou esperto e eficiente. Considerando-se que tenho dois filhos bem tratados em casa, sei que sou digno de confiança. Orgulho-me porque sou capaz, seguro e honesto."

Se o seu Pai Crítico afirmar que você é gordo, feio e fracassado, você precisa ser capaz de dizer: "Tudo bem, não tenho a beleza de um modelo. Mas tenho um corpo legal e saudável, e as mulheres dizem que eu sou atraente. Gosto da minha aparência e tenho certeza de que vou conhecer a pessoa certa para mim."

Esse "diálogo interno" positivo é chamado de "Pai Nutriente" na Análise Transacional.

Algumas pessoas são capazes de manter um alicerce de compaixão por si mesmas, não obstante a crítica e o escárnio de seus companheiros e de seus Pais Críticos. Esse amor-próprio saudável sugere um núcleo de confiança firmemente estabelecido que é sustentado pelo Pai Nutriente.

RESUMO DO CAPÍTULO QUATRO

Abrir o Coração

Iniciamos este exercício porque o Coração é a sede das emoções. Abrimos nossos corações e fortalecemos nossos vínculos com as pessoas dando e recebendo carinho.

Todos necessitamos de carinhos positivos. Existem carinhos físicos, como abraços e beijos; carinhos verbais, como elogios à nossa aparência, inteligência, generosidade, integridade ou aptidão; e carinhos em ação, tais como mostrar-se atento, prestativo, afetuoso ou mostrar empatia.

A Economia de Carinho é um conjunto de regras que nos impede de dar e pedir carinhos, de aceitar os carinhos que queremos e rejeitar aqueles que não desejamos. Ela também impossibilita o ato de dar carinho a nós mesmos. O resultado é que nos tornamos sedentos de carinho e dispostos a aceitar qualquer coisa que pudermos obter.

Libertando-nos das leis da Economia de Carinho, nos tornamos livres para trocar amor e satisfazer nossa necessidade de carinho. Para isso, precisamos ir contra o Pai Crítico dentro de nós, que impõe as regras da Economia de Carinho e que interfere em todas as tentativas de alcançar a Educação Emocional.

Aprendemos a dar às pessoas os carinhos que elas querem. Pedimos o carinho que desejamos. Aprendemos a aceitar ou rejeitar carícias. Para isso, temos de perceber se queremos ou não aquele carinho que nos é oferecido.

Quando rejeitamos um carinho, devemos ter certeza de que realmente não o queremos. É difícil rejeitar um carinho quando estamos muito carentes. Por isso, precisamos aprender a pedir e aceitar os carinhos que queremos. Isto nos mantém alimentados, e assim não nos vemos tentados a aceitar os carinhos tóxicos.

Devemos rejeitar os carinhos tóxicos, mas, quando nosso Pai Crítico nos impede de aceitar um carinho que desejamos, devemos desafiar essa proibição.

Finalmente, aprendemos a desenvolver nosso Pai Nutriente e proporcionar carinho a nós mesmos, de maneira a construir nossa autoconfiança.

5

Estágio Dois: Examinar o Panorama Emocional

PODEMOS QUESTIONAR A NATUREZA e o propósito de nossas emoções, e até mesmo se elas são nossas aliadas ou nossas inimigas. Contudo, a existência das emoções é indiscutível.

As emoções influenciam-nos a cada minuto do dia, estejamos nós conscientes disto ou não.

Muitos de nós nos tornamos insensíveis, e outros, excessivamente sensíveis às nossas emoções. Podemos temê-las ou mostrar-nos demasiado ansiosos para acolhê-las.

Nossa maneira de tomar consciência das nossas próprias emoções e das alheias é o tema deste capítulo. Vamos aprender a reconhecer, delimitar e percorrer o território emocional.

De ordinário, as causas de nossas emoções são obscuras. Tendemos a considerá-las irracionais, o que é um erro grave. Todas as nossas emoções têm uma causa definida, e em geral relacionam-se com o comportamento de alguém. Precisaremos entender essas razões se quisermos nos tornar emocionalmente educados.

Nas duas últimas décadas, uma vertente popular da psicologia fez-nos crer que não podemos provocar sentimentos nas outras pessoas. Talvez esse conceito inexato pareça ter-se consolidado quando o psicólogo Fritz Perls escreveu sua *Oração da Gestalt*, poema que costuma ser recitado em milhares de *workshops* de potencial humano no mundo ocidental.

Eu faço minhas coisas, você faz as suas.
Não estou neste mundo para viver de acordo com suas expectativas
E você não está neste mundo para viver de acordo com as minhas.

Você é você, e eu sou eu.
E se por acaso nos encontramos, é lindo.
Se não, nada há a fazer.

Creio que, com este poema, Perls estava tentando ajudar as pessoas a libertarem-se das exigências excessivas e culpabilizantes que costumam fazer a si mesmas e aos outros. Contudo, o que ele escreveu vulgarizou-se como um chamado à irresponsabilidade emocional, sustentando, fundamentalmente, a convicção de que não somos responsáveis pelos sentimentos alheios.

A crença equivocada de que não podemos fazer o outro sentir é o ponto alto da ignorância emocional. Alguns anos atrás, as implicações equivocadas do poema de Perls deixaram-me tão perturbado que escrevi minha própria resposta:

Se eu faço minhas coisas e você faz as suas
E se não estamos neste mundo para vivermos de acordo com nossas expectativas
Nós poderemos viver, mas o mundo não irá sobreviver.
Você é você, e eu sou eu, e juntos,
Dando-nos as mãos, e não por acaso,
Nós seremos lindos uns para os outros.
Se não, não poderemos ser ajudados.

O que eu estava tentando dizer aqui é evidente para a maioria dos indivíduos sensíveis. Nós somos responsáveis pelo outro. Na seara das emoções, realmente podemos evocá-las mutuamente, portanto, de modo geral somos responsáveis pelos sentimentos alheios.

Entretanto, há quem discorde terminantemente. Durante uma palestra em que estava apresentando minha opinião sobre o tema, um homem pôs-se de pé e interrompeu-me.

"Discordo completamente de você", ele exclamou. "Você não pode me fazer sentir, a menos que eu permita."

Até hoje fico constrangido ao reconhecer que mordi a isca. Simulando raiva, lancei-lhe um olhar fulminante e exclamei: "Este é o maior disparate que já ouvi! Sente-se!"

Aturdido com a minha reação, o homem ficou rubro e sentou-se. De onde eu me encontrava, ele pareceu assustado e muito triste.

"Agora posso lhe fazer uma pergunta?", indaguei. "O que está sentindo neste momento?"

"Nada", ele insistiu.

Sua resposta deixou-me perplexo. Não havia a menor dúvida de que ele estava perturbado, no entanto ele teimava em dizer que não. Voltei-me para o resto da platéia e perguntei: "E vocês? Alguém sentiu alguma coisa?"

Várias mãos ergueram-se. Uma a uma, as pessoas externaram seus sentimentos. Eu havia deixado algumas delas zangadas. Outras estavam constrangidas, e outras ainda sentiam-se apreensivas. Embora minha violação agressiva da ética tivesse sido desconfortável, eu havia comprovado meu ponto de vista. Várias pessoas tinham sido levadas a sentir suas emoções graças à minha reação simulada àquele homem.

Sem dúvida, se as pessoas podem ser levadas a sentir medo, raiva, vergonha e outras emoções negativas, certamente podem ser estimuladas a desfrutar as emoções de alegria, amor, orgulho e esperança. Em última análise, isto é educação emocional na prática: dar às pessoas as ferramentas que lhes permitam passar da insensibilidade emocional ou do caos assustador para uma existência emocionalmente equilibrada, positiva e centrada no coração.

Neste estágio do treinamento, exploramos a consciência emocional, que é o entendimento de como as emoções nos influenciam cotidianamente. Examinaremos aquilo que nós sentimos e aquilo que os outros sentem, com que intensidade e por quê. A finalidade desta etapa é deixar-nos à vontade e bem situados no "panorama emocional". Veremos os seguintes tópicos:

- A relação entre os sentimentos de uma determinada pessoa e seus atos;
- A relação entre os atos de uma pessoa e os sentimentos de outra.

Estes dois tópicos referem-se ao fato de que as atitudes e os sentimentos estão intimamente relacionados entre si e não podem existir separadamente. Nossos atos podem provocar sentimentos naqueles que nos cercam, o que, por sua vez, pode levá-los a agir de forma a produzir sentimentos em nós e assim por diante. Este ciclo de sentimentos e atos pode ser positivo e construtivo, ou destrutivo e maligno.

Analisaremos a relação existente entre as atitudes e os sentimentos na próxima etapa.

QUINTA ETAPA

Afirmativas de Ação/Sentimento

Encontrando uma maneira de falar dos próprios sentimentos sem fazer julgamentos, acusações ou teorias

Vou apresentar-lhes uma nova ferramenta, que servirá como um método para explorar a relação entre atitudes e sentimentos: a afirmativa de ação/sentimento.

A afirmativa de ação/sentimento é uma descrição de uma só frase das emoções que sentimos como resultado da ação de outra pessoa. A versão simplificada dessa atitude é a seguinte:

"Quando você age, eu sinto uma emoção."

Muito simples, não é? Essa afirmativa tem como objetivo dizer ao outro o que você sentiu como conseqüência de seu comportamento. Ela também ajuda a evitar que se coloque a culpa no outro ou que este se ponha na defensiva, eximindo-se de quaisquer julgamentos ou acusações.

Uma afirmativa de ação/sentimento simplesmente declara que a ação de alguém resultou num sentimento incontestável em outra pessoa.

Estudo de Caso: Ação/Sentimento

John e Mary estão conversando ao telefone; de repente Mary desliga. John fica contrariado com essa atitude inesperada e, no dia seguinte, telefona para Mary para lhe dizer como se sentiu com seu comportamento. Ele pergunta se pode falar uma coisa que o está preocupando e ela concorda em ouvi-lo:

"Quando você quis desligar o telefone ontem à noite, a princípio eu fiquei furioso e depois triste."

Supondo-se que Mary possa concordar que interrompeu o diálogo ao telefone abruptamente, ela entenderá a mágoa e a raiva que John sentiu como resultado de seus atos. Esta afirmativa de ação/sentimento foi bem-sucedida, pois forneceu a Mary informações sobre o sentimento de John, depois que ela desligou.

Talvez essa meta pareça insignificante, mas é fundamental para o aprendizado da Educação Emocional. E também foi um sucesso porque assim John pôde expressar seus sentimentos sem magoar ou agredir Mary.

No treinamento em Educação Emocional, nenhum episódio emocional é insignificante demais para não ser levado a sério. Invariavelmente, são esses incidentes aparentemente triviais que revelam, quando examinados, questões emocionais profundas — inseguranças pessoais ou constantes desníveis num relacionamento.

Uma afirmativa de ação/sentimento simples mostra que determinada atitude resultou num sentimento específico. Trocas de ação/sentimento serão tremendamente esclarecedoras em qualquer conflito emocional.

Isto porque as afirmativas de ação/sentimento constituem um meio de dissecar um conflito emocional, ponto por ponto. O que é feito separando-se um conflito em dois elementos: o que aconteceu e como você se sentiu.

Não é tão fácil partilhar afirmativas de ação/sentimento quanto possa parecer. Erros são comuns. Por exemplo, confundir ação e motivação e confundir pensamentos e sentimentos.

Confundir Ação e Motivação. Ao tentar descrever uma ação, pode-se ir além de uma afirmativa simples, como por exemplo:

- "Quando você desligou o telefone";
- "Quando você chegou tarde";
- "Quando você me interrompeu";

e acrescentar um julgamento ou interpretação da atitude que está sendo descrita, por exemplo:

- "Quando você desligou na minha cara *de maneira tão grosseira*";
- "Quando você *me humilhou* atrasando-se";
- "Quando você demostrou *pouco caso* por minha opinião, interrompendo-me."

Estas idéias fornecem uma teoria para a motivação do outro (intenção de humilhar ou desconsideração), em vez de constituírem uma simples descrição de um ato.

Explicações como essas confundem as coisas. Via de regra são incorretas e invariavelmente produzem culpa, raiva e outros sentimentos explosivos e desnecessários.

É melhor guardar tais pormenores para depois, quando lhe pedirem para expressar suas intuições. Por enquanto estamos tratando da relação entre as atitudes de uma pessoa e os sentimentos de outra.

Confundir Sentimentos e Pensamentos. Outro erro que pode ocorrer numa afirmativa de ação/sentimento é a confusão entre sentimento e pensamento.

Quando tentamos expressar um sentimento, com freqüência o que realmente expressamos é um pensamento. Por exemplo: "Quando você interrompeu nossa conversa, eu achei que você *estava zangada*", ou: "Quando você interrompeu nossa conversa, achei que você *não estava interessada* naquilo que eu tinha a dizer."

Aqui não se trata absolutamente de sentimentos. Assim como as interpretações que analisamos acima, na verdade são suposições sobre o que está se passando na cabeça do outro. Educação tem a ver com linguagem, e confundir um sentimento com uma idéia, um pensamento ou uma teoria é um erro bastante comum que precisamos evitar.

Para produzir uma boa afirmativa de ação/sentimento, é preciso concentrar-se no que *você* está sentindo e não no que desconfia ou supõe que o outro está pensando ou sentindo, porque esta é a única coisa que você pode saber com certeza: como se sente. Se quiser saber como os outros estão se sentindo, você terá de perguntar para ter certeza.

Muitas discussões originam-se desse tipo de falsa suposição. Por exemplo: Francis acha que seu marido não tira os olhos do trabalho enquanto ela está falando porque não está interessado no que ela tem a dizer. Na verdade, ele está interessado; o problema é que ele está tentando ler e ouvir a esposa ao mesmo tempo. O que na maioria das vezes não dá muito certo. A verdade é que, se ele divide a atenção dessa maneira, ela acabará ficando triste e muito zangada.

Uma outra versão mais sutil dessa confusão entre sentimento e pensamento são as afirmações do tipo: "Quando você interrompeu nossa conversa, eu me senti rejeitado."

Isto também é um erro, pois sentir-se rejeitado não é uma emoção mas, novamente, uma hipótese para a motivação do outro. Não dá uma idéia ao interlocutor de como *você* está se sentindo. Você ficou zangado? Triste? Constrangido? Envergonhado? Estes são sentimentos. Sentir-se rejeitado, não.

Quando diz que se sentiu rejeitado, na verdade você está afirmando que a outra pessoa o rejeitou, uma teoria sobre a motivação alheia que pode estar incorreta.

Todos os equívocos apontados acima implicam colocar a culpa no outro ou tentar ler seu pensamento. Uma coisa importante que as afirmativas de ação/sentimento nos ensinam é ater-nos aos fatos e parar de imaginar que somos capazes de ler o pensamento das outras pessoas.

Simplifique a afirmativa de ação/sentimento: o que aconteceu e como você se sentiu.

As opiniões variam quando se trata de uma lista definitiva das emoções primárias básicas. Felizmente temos uma boa idéia de que a raiva, o medo, a tristeza, a vergonha e o ódio são emoções negativas primárias, enquanto o amor, o orgulho e a alegria são emoções positivas primárias. Ciúme, culpa, inveja, desesperança e esperança são combinações secundárias das emoções básicas. Falando a respeito, devemos tentar decompô-las em suas partes primárias. Por exemplo: se Sam está se sentindo culpado, talvez seja bom ele se dar conta de que sua culpa compõe-se de vergonha e medo. Dária poderia explicar suas emoções de inveja com mais clareza se pudesse especificar que as emoções primárias são raiva, tristeza e medo.

Por outro lado, se alguém se diz humilhado, abatido, rejeitado, insultado ou amado, por exemplo, definitivamente não se trata de emoções, mas sim de afirmativas sobre aquilo que os outros lhe fazem. Precisam ser reavaliadas, e a reação emocional oculta deve ser descoberta e revelada.

O sexo é uma emoção? E a fome ou a sede? O que dizer do sofrimento psicológico e das emoções feridas? Até o momento não sei ao certo. Fica a questão.

O que não deve nos impedir de perseverar na busca da Educação Emocional, afirmando ações e sentimentos da maneira mais clara possível.

Extraindo uma Afirmativa de Ação/Sentimento

Às vezes é preciso ajudar o outro a esclarecer como se sente diante de uma atitude sua. Para isto, você terá de ignorar julgamentos e acusações e facilitar a adaptação do que está sendo dito aos moldes da ação/sentimento. É especialmente importante ouvir atenta e intuitivamente se quiser entender os sentimentos alheios.

No exemplo de Mary e John, vamos supor que John disse o seguinte: "Quando você desligou de maneira tão grosseira ontem, eu achei que você não estava nem um pouco interessada em mim."

Para extrair uma afirmativa de ação/sentimento viável desse comentário, Mary poderia responder assim: "Espera aí, vamos ver se eu entendi direito. Você está dizendo que ontem, quando eu interrompi nossa conversa, o que me lembro de ter feito, você sentiu algo, mas não sei o que é. Você ficou zangado?"

"Não, eu achei que você estava sendo indelicada."

"Está bem, sua opinião é que eu fui indelicada, mas está disposto a me dizer como você se sentiu? Estou interessada em saber como você se sentiu naquele momento."

"Não sei. Achei que você não gostava de mim."

"Bom, você ainda não disse como se sentiu."

"O que você quer dizer?"

"Estou tentando saber qual foi o sentimento, a emoção que você sentiu. Qual foi o sentimento que o fez pensar que eu não gosto de você? Você ficou magoado?"

"Um pouco. Para falar a verdade, fiquei muito magoado, sim. Aí comecei a sentir muita raiva."

"Tudo bem, agora já sei o que queria saber. Você ficou magoado e zangado."

A essa altura, caro leitor, você pode estar pensando: "As pessoas não têm esse tipo de diálogo na vida real. Talvez falem assim lá na Califórnia, mas não nos lugares que conheço. Não estou disposto a conversar dessa maneira. Eu ficaria terrivelmente constrangido."

Esta é uma boa afirmativa de ação/sentimento. "Quando falo de maneira emocionalmente educada, sinto-me constrangido."

Reconheço o problema e só posso concordar com você. As pessoas não costumam ter esse tipo de diálogo, e às vezes é embaraçoso e bastante difícil.

Mas funciona. Isso cria um clima favorável à expressão emocional e racional. Arrefece os ânimos exaltados, dá às pessoas a oportunidade de expressar essas emoções de uma maneira que dificilmente acarretará algum outro transtorno, e estabelece os fundamentos de um diálogo emocional produtivo e seguro. Além de mostrarmos às pessoas como elas são importantes para nós — como nós as ouvimos e valorizamos o suficiente para termos uma interação sincera. Essa atitude informa a topografia emocional do outro, tornado mais fácil a relação do futuro.

SEXTA ETAPA

Aceitando uma Afirmativa de Ação/Sentimento

Desenvolvendo a aceitação não-defensiva da informação emocional que está sendo oferecida

Para ser eficiente, uma comunicação emocionalmente educada deve ser bem recebida depois que é enviada.

No momento em que você se torna o receptor de uma afirmativa de ação/sentimento, a atitude emocionalmente educada consiste em prestar bastante atenção nas emoções que estão sendo descritas e na atitude que lhes deu origem.

Isso pode ser muito difícil. O maior problema é quando nos dizem que talvez tenhamos cometido um erro ou que fizemos alguém se sentir mal, e nós reagimos com culpa e defensivamente. Nosso primeiro impulso é negar, explicar, justificar ou até mesmo pedir desculpas. Contudo, quero reiterar como é importante simplesmente absorver a informação dada: as emoções que seus atos provocaram em outra pessoa. O importante não é saber o quanto você errou ao agir daquela maneira, mas como o outro se sentiu a partir da sua atitude. Tampouco é importante pedir desculpas prontamente ou explicar por que você fez o que fez. Cumpre entender a relação entre sua atitude e o que o outro sentiu. Lembre-se, estamos interessados em verificar de que maneira nos afetamos emocionalmente, e não em assumir a responsabilidade ou a culpa. É importante assumir a responsabilidade, mas isto vem depois de adquirirmos entendimento mútuo suficiente para pedirmos desculpas e fazermos reparações significativas e eficazes.

Mary, ainda usando o exemplo acima, talvez já saiba que o fim abrupto da conversa ao telefone deixou John zangado e magoado, ou talvez fique surpresa. Ela poderá entender por que ele está se sentindo assim, ou poderá ficar intrigada. Seja como for, tudo o que ela precisa no momento é receber a informação e aceitá-la, o que poderá ser feito por meio de um movimento de cabeça ou, melhor ainda, dizendo: "Eu estou ouvindo" ou "Entendi que você se sentiu magoado e depois zangado quando pus fim à conversa", ou simplesmente: "Não entendo."

Agindo assim, Mary toma conhecimento das reações emocionais de John a diferentes tipos de situações e dá a ele a oportunidade de abandonar seu sentimento negativo. Inicia-se aí o processo de diálogo emocional, no qual os sentimentos são adequadamente reconhecidos.

Não é fácil aceitar uma afirmativa de ação/sentimento. O perigo é que o receptor de uma afirmativa de ação/sentimento coloque-se na defensiva, especialmente se ela for mal formulada.

- "Achei que você tinha acabado de falar; por isso quis desligar";
- "Indelicada? O que há de tão indelicado em terminar uma conversa? Você é que estava sendo grosseiro, falando sem parar sobre seus problemas";
- "Zangado? É muito atrevimento seu ficar zangado. Eu é que deveria ficar zangada por estar perdendo meu tempo";
- "Magoado? Ora, deixe de melindres".

Cada uma dessas reações representa uma negação defensiva dos sentimentos de John. São respostas como essas que impedem um diálogo emocionalmente educado. De ordinário, elas são ocasionadas pela raiva, mas podem ser igualmente uma maneira de rejeitar alguém de quem não queremos nos ocupar.

Se Mary estiver se sentindo mal interpretada, culpada ou zangada, ela poderá falar sobre isso mais tarde. No momento importam os sentimentos de John e não os de Mary. É uma questão de revezamento. Nesse ponto é relevante que Mary reconheça os sentimentos de John quando ela quis desligar. Depois ela poderá falar sobre como está se sentindo.

Com muita freqüência esse procedimento exige saber calar e ter paciência. Lembre-se de que o silêncio pode tranqüilizar os ânimos em diálogos emocionalmente exaltados. Mais importante ainda, essa é a coisa mais certa a fazer quando um amigo ou namorado está emocionalmente aflito. Por quê? Porque assim ele pode deixar a angústia de lado e a empatia tem a oportunidade de aflorar.

Estudo de Caso: Aceitação

Vejamos um exemplo: certa noite Marianne e Nick decidiram assistir a um vídeo romântico juntos. Nick já ia colocar a fita quando Marianne interrompeu-o.

"Espera um minuto", disse ela. "Quero servir um drinque."

Ela foi até o armário de bebidas, preparou um bebida suave e voltou calmamente para o sofá.

Estava passando uma comédia na TV, e Marianne ficou de pé ao lado do sofá, assistindo enquanto esperava Nick voltar para que pudessem começar a ver o filme. Nesse meio tempo, ele havia decidido guardar alguns papéis enquanto a aguardava. Erroneamente, concluíra que Marianne queria terminar seu drinque antes do início do filme. Ergueu os olhos e viu-a rindo com a comédia de situação que estava passando na TV, enquanto a bebida permanecia praticamente intacta.

"Quando você vai ficar pronta?", perguntou irritado.

"Eu já estou pronta", ela respondeu surpresa.

"Como assim? Eu é que estou esperando."

"Estou bem aqui esperando por você."

"Você nem tocou no drinque."

"É, mas qual o problema?" Ela estava confusa.

"Você não quer terminar seu drinque antes de começarmos?

"Não, quero ir bebericando durante o filme."

"Tudo bem, só não entendo por que demorou tanto", ele falou, impaciente, iniciando o filme.

Esta forma de interação havia se tornado corriqueira entre eles. Marianne pressionou os lábios tristemente. Com freqüência sentia que ela assumia a culpa dos pequenos conflitos do casal, o que a deixava bastante desgostosa. Decidiu pôr um fim a essa situação com uma afirmativa de ação/sentimento; não queria começar a noitada romântica sentindo-se caluniada e ressentida.

"Nick, desculpe, mas preciso conversar um pouquinho com você antes de começarmos a ver o filme". Ele a fitou consternado, mas concordou. Marianne foi em frente: "Quando você falou comigo ainda agora naquele tom de voz, eu me senti muito mal. Fiquei muito chateada."

"Qual foi o tom?", perguntou Nick, pois já havia escutado a mesma reclamação de amigos e familiares antes.

"Bem, você parecia muito aborrecido."

"Bom, isso é verdade, eu fiquei aborrecido." Ele pensou por alguns segundos. Por fim, falou: "Agora estou entendendo o que aconteceu. Quando eu falei com você naquele tom irritado, você se sentiu mal". Fitou-a bem nos olhos e perguntou: "Não foi isso?" Ela assentiu. "Desculpe", disse ele, "tenho que melhorar esse tom de voz impaciente. Assim está melhor?"

Marianne sorriu satisfeita por um momento. "Me dá um beijo?" Esperara ansiosamente pela noite, e sentia-se bastante contrariada — magoada e receosa — ante a possibilidade de tudo dar errado.

Pela primeira vez desde que haviam iniciado a conversa ele parou de inclinar-se impacientemente sobre o vídeo, abraçou-a pela cintura e lhe deu um longo beijo.

As sugestões acima pretendem apresentar afirmativas de ação/sentimento. Mas sem dúvida não podemos ir muito longe sem lidar com nossas desconfianças com relação às motivações e intenções das pessoas. A próxima etapa do diálogo emocionalmente educado irá abordar exatamente este tópico.

SÉTIMA ETAPA

Revelando Nossos Palpites Intuitivos

Como fazer um "teste de realidade" tomando como base a intuição das intenções ou atitudes de outra pessoa

A utilização de nossas aptidões intuitivas tem uma função absolutamente essencial no treinamento em educação emocional.

A intuição é sua ferramenta emocional mais eficiente. Com ela você pode fazer descobertas importantes quando nem todos os fatos estão disponíveis.

Antes de criar a Análise Transacional, Eric Berne demonstrou profundo interesse pela intuição. Segundo Berne, foi a intuição que lhe revelou a Criança "interna" que está por trás da maioria dos nossos atos.

De modo geral, costumamos pensar que aquilo que dizemos provém de nosso Adulto. Numa festa, podemos agir como uma criança e reconhecer isto alegremente. Ou, quando repreendemos uma criança chorona, podemos ser paternalistas sem ter que dar satisfações por isso. Contudo, na grande maioria das situações, preferimos acreditar que estamos falando com as pessoas de maneira racional e lógica; isto é, com base em nosso estado de ego Adulto.

Para nós é difícil admitir que talvez nosso discurso seja irracional como o de uma Criança, ou que nossa reação seja ditada pelo preconceito, como um Pai punitivo. Mas o fato é que grande parte de nossas falas e atos provém de estados do ego que não são o do Adulto.

Se conseguimos dissimular para nós mesmos o estado do ego em que estamos, não é de admirar que às vezes possamos ser enganados — ou pelo menos confundidos — pelas atitudes que observamos nos outros.

Vejamos o exemplo de marido e mulher que estão fazendo compras num supermercado:

Esposa (vendo uma caixa com seis cervejas no carrinho): "Não sabia que íamos comprar cerveja."

Trata-se de uma pergunta do Adulto ou de uma expressão de censura parental?

Marido (respondendo): "Ah, vamos sim!"

Trata-se da confirmação do Adulto à pergunta do Adulto de sua esposa ou da rebeldia da Criança?

Como saber qual o estado do ego envolvido neste diálogo? Para isso é preciso usar a intuição.

Nossa intuição é bastante útil para fazer uma estimativa inicial sempre que "estivermos no ar" com relação às emoções ou intenções de alguém. Quando estão em dúvida, cientistas, detetives e analistas de mercado lançam mão de suas intuições para orientar seus atos. Contudo, o que determina bons resultados é a verificação minuciosa de seus pressentimentos iniciais. Um detetive que adivinha que o mordomo é o culpado não pode fazer a prisão sem provas. Um cientista que segue cegamente seus palpites sem confirmá-los com certeza encontrará o fracasso no final. Da mesma maneira, para fazer uso de sua intuição, primeiro você terá de checar seu palpite antes de tomar qualquer atitude.

No caso do casal fazendo compras, use sua intuição e pergunte a si mesmo como soou esse diálogo. Trata-se de um intercâmbio Adulto→Adulto ou Pai→Filho? O mais provável é que você acerte, mas isto não basta. Evidências devem ser reunidas objetivamente. Talvez seja melhor continuar a observar, a fim de obter mais informações.

Vejamos a resposta da esposa.

Esposa: "Ah! (sorrindo) Tudo bem!" Sua resposta parece indicar que ela aceita a explicação do marido como uma reação Adulta para uma questão Adulta.

Não tocaram mais no assunto e prosseguiram com as compras. Trata-se de uma interação Adulto-Adulto? Provavelmente, mas talvez não. Se você os seguisse até em casa e fosse uma mosquinha na parede, as coisas acabariam tornando-se claras. Ele bebe as seis cervejas antes do jantar? Ela tem um ataque ou fica tremendamente mal-humorada? Ou juntos tomam uma cerveja com hambúrguer e terminam as seis cervejas ao longo das duas semanas seguintes?

Ao analisarmos interações como esta, devemos ter o cuidado de não chegar a conclusões precipitadas.

Raramente a intuição está completamente certa ou errada. Para descobrirmos se nossas intuições estão corretas é necessário cotejá-las constantemente com a realidade.

Como se Sentem as Outras Pessoas?

Em nosso dia-a-dia, estamos sempre tentando entender o comportamento do outro. Quando nossa comunicação com as pessoas não é adequada (o que é bastante comum), somos forçados a adivinhar o que o outro está pensando, utilizando todo tipo de informação disponível.

Visto que não costumamos perguntar às pessoas por que estão agindo de determinada maneira, provavelmente não obteríamos uma resposta confiável mesmo se perguntássemos. Quando queremos saber por que as pessoas estão agindo de determinada maneira, somos obrigados a confiar amplamente em nossa intuição. Mas o uso de algo tão vago como a intuição nem sempre faz com que nossas suposições sejam convenientes ou válidas. Elas devem ser cuidadosamente verificadas e alteradas para que possam corresponder ao que realmente está se passando.

Como em grande parte os acontecimentos de nossas vidas emocionais tendem a ser obscuros e negativos, nossas intuições sobre as pessoas via de regra são paranóides. Contudo, isto não as torna completamente incorretas.

Essas intuições negativas por si sós e sem fundamento na realidade podem transformar-se no que chamo de fantasias paranóides. São fantasias porque são produto de uma mente exaltada, e paranóides porque constituem exageros incorretos de uma partícula de verdade.

Não estou falando aqui das ilusões persecutórias que fazem da paranóia uma forma de loucura. O tipo de paranóia a que estou me referindo tem como origem uma percepção ampliada mais destorcida que é gerada por nossa intuição.

Temos consciência das muitas coisas que nunca são ditas, ou que são desprezadas e negadas pelas outras pessoas. Se não revelarmos nossas intuições, teremos de adivinhar as motivações do outro. A menos que sejam verificadas, essas intuições poderão transformar-se em fantasias paranóides e redundar em ressentimentos não-ditos, capazes de destruir os relacionamentos. Por isso é importante trazer à luz nossas intuições para que sejam verificadas.

Estudo de Caso: Intuição em Ação

Jane está aborrecida com sua colega de trabalho, Beth. Ela tem-se queixado a Megan que não compreende a atitude de Beth. Esta lhe parece mimada e capaz de muito pouco respeito pelos outros.

Megan gosta de Beth e está desconfiada que, por trás das queixas de Jane, esconde-se alguma rivalidade.

Quando Jane põe-se a descrever quanto tempo e atenção o patrão dedica a Beth, Megan fica certa de que seu palpite, um certo ciúme de Beth, está certo.

"Parece que você se sente rejeitada e espoliada por Beth porque ela recebe mais atenção do que você," Megan observa.

"Não, de jeito nenhum", insiste Jane. "Há muitos anos eu me senti um pouco assim. Só estou preocupada com o comportamento dela, acho que ela está se indispondo com muita gente."

"Mas ela é tão querida", objeta Megan.

"Do jeito como Beth está agindo, não sei quanto tempo isso vai durar", declara Jane.

"Mas acho que as coisas de que você está falando não são tão desrespeitosas, são apenas um sinal de auto-afirmação", diz Megan. "Tem certeza de que não é o ressentimento que está influenciando sua capacidade crítica?", indaga com o máximo de delicadeza.

"Não, não, de jeito nenhum", exclama Jane.

Megan vê-se num beco sem saída. Sua intuição está lhe dando todos os sinais, mas Jane insiste em dizer que não guarda ressentimentos.

O resultado é que a empatia de Megan pela aflição de Jane é cada vez menor. A experiência de ver sua intuição desprezada é tão desagradável que ela se sente incapaz de relacionar-se emocionalmente com a amiga. Põe-se a olhar o relógio, ansiosa para mudar de assunto. Nesse exemplo, perceber que sua intuição não foi levada em conta fez com que Megan se retraísse emocionalmente.

Quando sentimos algo que é negado, temos duas opções: ou esquecemos o que quer que tenha atraído a atenção de nossa intuição ou insistimos em nossa idéia.

Se continuamos a receber negativas e repúdios a nossas intuições, o esforço para descobrir o que está se passando pode fazer com que nos distanciemos tremendamente do alvo, sobretudo se tivermos uma imaginação fértil.

Por exemplo, vamos voltar ao malfadado telefonema de John e Mary. Quando Mary desliga abruptamente, a intuição de John entra em ação e segue num crescendo:

- Mary está insatisfeita;
- Mary está insatisfeita comigo;
- Mary está zangada comigo;
- Mary me odeia.

John põe-se a buscar a razão para Mary odiá-lo. Conversa com Sandra, a melhor amiga de Mary, que levanta a hipótese absurda de que as atitudes sexistas de John estariam incomodando Mary.

"Então é isso!", John conclui num derradeiro surto de paranóia. "Mary me odeia porque acha que sou um porco chauvinista!"

Enquanto isso, Mary não tem a menor idéia do que está se passando. Embora tenha sido brusca com John, o que ela estava era cansada e ansiosa, aguardando um outro telefonema. Ela realmente havia ficado um pouco aborrecida com John, mas não porque ele estivesse se mostrando chauvinista. Ao contrário, tinha se irritado porque ele não parava de falar dos problemas com sua amiga Anne.

Assim, de certa forma a intuição de John estava correta, como geralmente acontece com as intuições. Mary *estava* insatisfeita com ele. Mas será que ela dirá quando ele perguntar por que estava zangada? A resposta mais provável será: "Zangada? De jeito nenhum. Estou ótima. Gosto de você, John."

Desprezando a Intuição

Essa reação deixa John confuso. Não obstante a confirmação de Mary de que está tudo bem, persiste a sensação de que há algo errado.

Emocionalmente, trata-se de uma catástrofe menor. John fica satisfeito porque Mary afirma gostar dele? Ou fica zangado porque ela está negando que alguma coisa está errada? Deve confiar nela? As perguntas que a resposta de Mary suscitou são suficientes para fazer sua cabeça girar.

A atitude de Mary é chamada de "desprezo emocional", e desmente a intuição de John de que Mary está zangada, descartando-a como se fosse inteiramente equivocada. Confusão e paranóia crescente costumam ser o resultado dessa reação.

É perigoso, para um relacionamento, rejeitar as desconfianças de alguém como se fossem completamente incorretas. O outro, justificadamente, terá a impressão de que não pode estar totalmente errado, e poderá começar a suspeitar de que está sendo enganado, ou de que o outro não tem consciência de suas próprias motivações.

Eis outro exemplo de intuição rejeitada:

Há muito tempo Donna vem colocando em dúvida a amizade com Craig. Ao longo dos anos de relacionamento, desenvolveu a impressão de que ele tem interesse em ser mais do que um amigo, o que a deixava constrangida. Era um incômodo perceber que ele sempre parecia alimentar uma pretensão romântica oculta.

As coisas mudaram quando Donna conheceu Justin e foram morar juntos. De um dia para o outro Craig parou de telefonar. Donna havia desenvolvido tamanho antagonismo com relação a Craig que quase se sentiu aliviada. No entanto, ela gostava de Craig de verdade, e não queria perder sua amizade. Mandou-lhe um cartão com uma cartinha amistosa, esperando, quem sabe, uma resposta. Nenhum telefonema.

Então Donna ligou para ele, nervosa. Craig contou que estava deprimido porque não se sente capaz de encontrar trabalho. Ela engoliu em seco e tocou no assunto temido: "Tenho observado que você deixou de telefonar; fiquei pensando se você estaria constrangido de ligar para mim aqui em meu novo apartamento com Justin."

"Ah, não, de jeito nenhum." Craig apressou-se em responder, aparentando sinceridade.

"Tem certeza? Talvez seja esquisito para você falar com Justin pela primeira vez por telefone."

"Não, claro que não", insiste Craig.

Donna decide acreditar em Craig. Mesmo assim, não volta a receber telefonemas, cartões nem cartas. Será que deve insistir, mesmo com a relação sobrecarregada por atritos não esclarecidos? Resolve deixar as coisas como estão por algum tempo.

A essa altura os pensamentos de Donna já estavam confusos: por que ele estava abrindo mão da sua amizade? Será que se sentia humilhado demais para telefonar? Será que estava com ciúme de Justin? Neste caso, ele havia mentido quando afirmou não se incomodar com a mudança de Donna?

Donna acredita ter dado a Craig a oportunidade de ser sincero. Mas ele preferiu negar sua intuição de maneira desconcertante e profundamente antipática. Em tão pouco tempo não parecia restar qualquer indício de uma amizade de mais de quatro anos.

O exemplo acima mostra como pode ser desconcertante ter a própria intuição negada. Por outro lado, a descoberta e confirmação da veracidade da partícula de verdade na intuição produzem um efeito esclarecedor. Vamos rever o exemplo acima, a fim de verificar o que teria acontecido se a verdade viesse a ser descoberta:

"Tem certeza de que não fica constrangido? Talvez seja estranho falar com Justin pela primeira vez por telefone", ela pergunta.

Desta vez vez Craig decide confirmar, ao invés de rejeitar, a intuição de Donna.

"Bom, tudo bem, já que você perguntou, admito que fiquei um pouco aborrecido há alguns anos, quando pedi para conhecer Justin e você disse que não. Aí, depois, quando vocês começaram a namorar sério, você nunca nos apresentou."

Donna fica surpresa. "Pensei que você tinha entendido que às vezes reluto em apresentar meus amigos. Eu já contei a você de uma ocasião em que apresentei pessoas que não se deram bem, o que foi bastante constrangedor."

É verdade, mas sem dúvida isso não é tudo; agora é a vez de Donna ser sincera.

"Mas Craig, quero ser sincera, já que você foi honesto em sua resposta." Ela espera a permissão de Craig para prosseguir. "Eu também tinha medo de apresentá-lo ao Justin porque me sentia atraída por ele e desconfiava que há muito tempo você estava interessado em mim. Receei que você ficasse com ciúme quando comecei a namorar o Justin."

Donna engole em seco. "É verdade que você ficou com ciúme quando começamos a namorar?"

Agora era a hora da verdade para Craig. Ele poderia negar tudo ou mostrar a Donna como sua intuição fora equivocada, explicando que alguma outra coisa que ela jamais poderia imaginar estava acontecendo. Ou teria de admitir que estava se sentindo exatamente como ela havia desconfiado. Talvez estivesse *ao mesmo tempo* com ciúme de Justin e desconfiado de que Donna tinha vergonha de apresentá-lo a seus amigos.

De todo modo, ao confirmar a veracidade de sua intuição, Donna dá a partida para um diálogo emocionalmente educado. No exemplo anterior, a negação total de Craig produz um bloqueio das informações emocionais, o que deixa Donna confusa e desarmada diante das mensagens obscuras de Craig. Depois que Craig esclarece seus sentimentos, Donna fica profundamente aliviada e a relação pode ter seguimento.

OITAVA ETAPA

Confirmação de um Palpite Intuitivo

A busca da verdade — por menor que seja — presente numa intuição

Nós, na grande maioria das vezes, desenvolvemos tendências defensivas que nos impedem de admitir a veracidade das intuições do outro. Talvez uma confissão desse tipo possa parecer um sinal de fraqueza de nossa parte, ou quem sabe relutamos em ferir os sentimentos alheios. Seja como for, aquele que acolhe a intuição do outro deve procurar confirmá-la para que possa ocorrer um diálogo emocionalmente educado.

Vamos voltar a John e Mary. Mary acaba de rejeitar as suspeitas de John de que havia desligado o telefone porque estava zangada, dizendo: "Zangada? De jeito nenhum. Estou ótima. Gosto de você, John."

John insiste: "Por alguma razão achei que havia algum problema. Estou errado?"

Mary pondera. Sabe que deve tentar encontrar uma parcela qualquer de verdade nas dúvidas de John. "Realmente, John, fiquei zangada depois do seu telefonema, não com você, mas com Sandra — talvez seja isso."

Para John, isto talvez ainda não explique sua intuição. Ele deve insistir mais um pouco no assunto.

"Bom, isso não justifica minha sensação de que você estava zangada comigo. Aconteceu alguma coisa enquanto conversávamos?"

Talvez isto leve Mary a considerar exatamente por que pareceu irritada e decidiu pôr um fim ao telefonema. Afinal de contas, John tem o hábito de demorar-se muito ao telefone. Além disso, ela não estava com vontade de continuar falando sobre a amizade de John e Anne. Como ele parecia disposto a ouvir sua crítica, talvez pudesse arriscar-se a ser sincera. Mary decide tentar.

"Para falar a verdade, eu não fiquei propriamente zangada com você, mas quando você telefonou, eu estava cansada e esperava outra ligação. Fiquei um pouquinho irritada porque você falou demais e por causa do assunto. Pensei ter dado sinais de que não queria conversar sobre a Anne, mas parece que você não percebeu. Isso faz sentido?"

Embora tenha se sentido um tanto constrangido ao saber que fora um chato, a explicação de Mary deixou-o aliviado. Havia algo errado. Mas Mary não estava zangada com ele, apenas irritada. Agora sabia qual era o problema. E compreendeu os próprios sentimentos e os sentimentos de Mary, bem como suas causas. Percebeu que havia colocado a paciência de Mary à prova falando sem parar de Anne. Então pôde acreditar que ela realmente gostava dele.

Os fatos daquela situação e os sentimentos de John se encaixaram como um quebra-cabeça. Talvez sua conversa chata tenha lhe trazido um certo constrangimento, mas o tremendo receio de que Mary nutrisse ódio por ele havia sido desmentido. John sentiu-se bem; recebera uma confirmação.

Às vezes a intuição como um todo está correta e não apenas parte dela. Por exemplo, esse diálogo poderia ter confirmado facilmente toda a intuição de John. Poderia ter sido assim:

"Sim, John, estou zangada com você. Para falar a verdade, ultimamente você tem me decepcionado bastante. Não sei se quero continuar sendo sua amiga. Estava esperando que você percebesse e parasse de me telefonar."

São palavras duras, e não muito educadas emocionalmente, mas é melhor que John as ouça claramente do que continuar vivendo num clima emocional confuso e prejudicial.

Esse diálogo pode ter continuidade, para que se possa analisar por que Mary não gosta de John, de sua tendência a falar sem parar e da própria incapacidade de ser clara quando não quer mais conversar. Ou o assunto pode ser deixado de lado, assim como a amizade. Seja como for, há um grande número de etapas, ao longo do processo de compreensão mútua, para que seja possível alcançar uma existência emocionalmente educada.

Contudo, os problemas em geral não são tão complexos. Em sua grande maioria podem ser solucionados e, nesse caso, esse tipo de diálogo tem um efeito extraordinário na solução de pequenos mal-entendidos que de outro modo desgastariam o relacionamento.

Comunicação Sincera

A capacidade de falar sobre os próprios sentimentos pode produzir resultados espetaculares, sobretudo quando as duas pessoas estão empenhadas numa comunicação cooperativa e franca.

Nos *workshops* de educação emocional, explico de que maneira a intuição, quando é usada com eficiência e segundo os ditames da educação emocional, pode ajudar-nos amplamente em nossa compreensão mútua.

Por exemplo, Sarah e Julie participaram de um de meus *workshops*. Julie tem 27 anos e parece uma modelo. É considerada muito bonita, embora se vista com simplicidade para não chamar atenção. Sarah tem 35 anos e tem dificuldade de controlar seu peso. São colegas de trabalho que vêm tendo algumas discussões desagradáveis. Julie está aborrecida e até mesmo com um certo receio de ir trabalhar por causa desses desentendimentos.

No meio de um debate sobre a intuição, Julie perguntou a Sarah se poderia revelar-lhe uma sensação que tivera.

"Desconfio que você me considera uma idiota", disse Julie, tomada de profunda perturbação. "Tenho também a impressão de que você me acha incompetente e pronta a agüentar todas as repreensões da gerência. Estou certa?"

Sarah sacudiu a cabeça e respondeu ansiosa: "De jeito nenhum. Eu acho você muito capaz."

Julie afundou na cadeira, desencorajada. Nesse momento expliquei que de modo geral existe um fundo de verdade nos pressentimentos das pessoas. Em vez de negar terminantemente a sensação de Julie, seria melhor se Sarah refletisse sobre o que poderia haver de verdadeiro na fantasia de Julie.

"Educação emocional também é respeitar a intuição do outro, em vez de rejeitá-la", lembrei ao grupo. "É preciso estar disposto a analisar profundamente as próprias motivações."

Dei algum tempo para que esse conceito fosse assimilado e então perguntei a Sarah se havia alguma verdade na intuição de Julie.

Sarah refletiu durante vários segundos e, por fim, fez um movimento afirmativo com a cabeça: "Julie, acho que de certa forma seu palpite está correto", disse com nervosismo. "Eu realmente considero você muito capaz, mas me irrita a facilidade com que você se intimida e concorda com as pessoas que a pressionam. Isso me faz pensar que você é frágil. Mas sinceramente, eu a acho muito competente."

Julie sentiu-se melhor ao conhecer os verdadeiros sentimentos de Sarah, foi capaz de concordar que se deixava intimidar por qualquer coisa e que desejava ardentemente aprender a ser mais assertiva. Então ela revelou uma outra intuição: "Tenho outra sensação, e me assusta revelá-la, mas, combinamos que seríamos sinceras, portanto acho que devo falar. Quer saber o que estou pensando?"

"Está bem", Sarah concordou com uma expressão preocupada.

"Bom", disse Julie, "eu também tenho a impressão de que você se incomoda porque sou mais jovem e os homens do escritório me acham atraente. Fico preocupada porque parece que você acha que eu sou alguma bonequinha."

Os participantes do *workshop* não disseram palavra, olharam para Sarah nervosos, perguntando-se como ela iria reagir. Tenho de admitir que também fiquei inquieto. Apesar de todos os seminários que já conduzi, há sempre uma certa apreensão quando um dos participantes aborda um tema delicado como este.

"Não é fácil, mas tenho de concordar que sinto ciúme da atenção que você recebe dos homens no escritório", admitiu Sarah. "Isto também estimula minha raiva. Para mim isso não é motivo de orgulho, mas é verdade."

O silêncio tomou conta do grupo, cada qual mergulhado no próprio constrangimento. Finalmente, um outro participante, de nome Mark, quebrou o mutismo com uma questão. Por fim, Sarah e Julie receberam vários carinhos sinceros por sua coragem e honestidade.

O grupo continuou explorando as sutilezas das relações profissionais. Depois de dois dias de *workshop,* os participantes saíram sentindo-se fortalecidos e otimistas.

Como você pode ver, quando realizamos a etapa Abrir o Coração com essas duas técnicas — a Afirmativa de Ação/Sentimento e a Confirmação da Intuição —, estabelece-se um diálogo emocionalmente educado que substitui a desconfiança, o medo, as recriminações e a culpa.

Por meio desses diálogos, as pessoas aprendem a ser sinceras e a reunir informações sobre seus sentimentos em relação ao outro. Descobrem de que maneira seus atos influenciam os sentimentos alheios e suas intuições retratam e distorcem a realidade. Fazem isto sem julgamentos, acusações nem caos emocional, trabalhando ao mesmo tempo a possibilidade da confiança.

Amadurecimento da Empatia

Num relacionamento, à medida que vai-se desenvolvendo uma comunicação franca e confiável, as pessoas passam a compartilhar seus palpites intuitivos e encontram a partícula de verdade que confirma as intuições do outro. Esse constante diálogo harmoniza a compreensão mútua no território emocional. Os indivíduos aprendem a perceber qual será o sentimento mais provável das pessoas em determinadas situações e o que pode colocá-las à vontade. Com a prática dessas transações ao longo do tempo, o amadurecimento da intuição produz uma profunda empatia. Comumente, a intuição tem início como uma percepção vaga de que mal temos consciência, e se torna um poderoso holofote que ilumina o panorama emocional, tornando-o familiar e acessível. Essa aptidão, centrada no coração, de sentir com o outro é um componente fundamental da próxima etapa do treinamento: assumir a responsabilidade.

ESTUDO DE CASO

Integração

Veremos agora o que acontece quando integramos as etapas percorridas até aqui.

Carter e Sandra trabalham juntos. Sandra, proprietária da empresa, é chefe de Carter. Há cerca de seis meses iniciaram um relacionamento sexual. Agora, passados alguns meses de encanto romântico, começaram a discutir. Pediram-me para ajudá-los, na qualidade de amigo, a esclarecer os conflitos e emoções negativas que os vinham atormentando.

Gosto dos dois e preocupa-me a possibilidade de terem criado uma confusão insolúvel para ambos. Meu receio é que precisem deixar de trabalhar juntos ou tenham de dar fim ao relacionamento, ou as duas coisas. Eles querem manter a relação profissional e ao mesmo tempo preservar o envolvimento afetivo. Apesar das dificuldades recentes, os dois manifestam um carinho mútuo e profundo, e desejam construir um compromisso a longo prazo.

As discussões tiveram início no trabalho, em torno da política de negócios e das relações com os clientes. Carter é cordial e condescendente com os clientes, enquanto Sandra costuma ser mais firme e incisiva. De maneira geral estabelece-se assim um bom equilíbrio, só que Carter concedeu crédito a três clientes que não estão pagando as contas. Agora Sandra quer que ele exija pagamento imediato, o que Carter recusa-se a fazer. Cada um acha que o outro está exagerando. Sandra acredita que Carter está sobrecarregando as finanças da empresa, enquanto este pensa que a atitude de Sandra vai afastar seus clientes.

O conflito no trabalho desaguou na vida particular. Agora eles parecem discordar de tudo. O relacionamento sexual praticamente extinguiu-se e a lua-de-mel, ao que parece, chegou ao fim.

Após diversas conversas por telefone, convidei-os para jantar e discutir o que estava acontecendo; depois da sobremesa, sugeri que iniciássemos o debate. Sandra parece triste e Carter zangado, mas nenhum dos dois fala de seus sentimentos. Ao contrário, criticam-se mutuamente. Sandra queixa-se de que Carter era tão apaixonado e agora está se mostrando sexualmente indiferente. Carter diz que se sente constantemente censurado e criticado, além de ser usado sexualmente.

Depois de ouvir por algum tempo, faço um aparte. "Escutem, está claro que vocês dois estão emocionalmente abalados, concordam?"

Sandra faz que sim com a cabeça. Carter, o rosto fechado, parece disposto a me ouvir.

"Gostaria de ajudá-los a esclarecer por que estão tão transtornados, e para isso sugiro que a gente use aquilo que chamo de técnica de ação/sentimento. Vocês topam?"

Ambos concordam.

"É muito simples. Cada um de vocês vai alternar-se em afirmativas de ação/sentimento, como por exemplo: 'Quando você (ação), eu sinto (emoção).' O objetivo é descrever uma ação específica e a emoção (ou emoções) resultante. Nada de floreios, apenas esses dois fatos: uma ação e os sentimentos resultantes."

"Quem quer começar?", perguntei. "Confiem em mim, vai ser interessante. A intenção é ter uma idéia do panorama emocional e explorar o que está se passando com vocês."

"Antes de começarmos, mais uma coisa". Expliquei como era importante pedir permissão sempre que alguma afirmação emocionalmente contundente fosse expressa.

Depois de um minuto embaraçoso, Sandra tomou a iniciativa.

"Posso falar algo que senti ontem à noite?", ela perguntou a Carter. Depois que ele concordou, Sandra foi em frente.

"Ontem à noite você me frustrou e achei que você não me amava mais."

"Ô, Sandra, espera aí!", interrompi. "Vamos ter um pouco de trabalho para transformar isso numa afirmativa de ação/sentimento. Posso tentar?" Sandra concordou com a cabeça. "Você diz que ele a frustrou. Esta não é uma ação clara. O que foi que ele fez?"

"Depois de passar a noite inteira me seduzindo, ele virou para o lado e dormiu assim que fomos deitar", explicou Sandra. "Fiquei profundamente desapontada e achei que ele não estava mais apaixonado por mim."

"O que nós estamos buscando aqui é uma afirmativa simples de emoções como conseqüência de um comportamento real", falei. "Primeiro, vamos admitir que ele foi dormir."

Olhei para Carter e verifiquei que ele não contestou o fato. Voltando-me para Sandra, indaguei: "Exatamente como você se sentiu quando ele foi dormir? Vamos falar das emoções básicas, como: triste, furiosa ou envergonhada."

"As três", ela desfechou.

"Bem, qual foi a primeira emoção e a mais forte?", perguntei.

"A mágoa. Fiquei envergonhada de minha carência sexual e depois triste, e agora estou zangada, muito zangada". Seus olhos encheram-se de lágrimas.

"Está bem, agora vou fazer uma afirmativa de ação/sentimento a partir da informação que você me deu, eliminando as acusações. 'Ontem à noite, quando você dormiu em vez de fazer amor comigo, eu me senti envergonhada, muito triste e depois irada.' Está vendo?" Sandra assentiu, enxugando os olhos.

Carter permaneceu sentado em silêncio, o rosto inexpressivo. Virei-me para ele. "Está acompanhando, Carter?"

"Estou, mas não..."

"Tenho certeza que você tem muita coisa a dizer sobre essa situação", interrompi. "Mas no momento só quero que você me diga se entendeu o que Sandra disse. Isto é, que ela ficou envergonhada, triste e zangada porque você dormiu tão logo vocês foram se deitar ontem à noite. Isso vai ajudar a esclarecer o que está acontecendo com vocês."

"Tudo bem, estou entendendo. Posso dizer como estou me sentindo?"

"Sem dúvida."

"Sinto que me tornei o bode expiatório da Sandra. Ela me critica e aí quer que eu faça amor apaixonadamente com ela. Não consigo fazer o que ela quer que eu faça no trabalho ou na cama e me sinto intimidado."

Mais uma vez expliquei o problema do "sentir-se intimidado" não ser um sentimento e a necessidade de afirmações sucintas que relacionem os atos às emoções. Finalmente, Carter apontou com precisão diversas ocasiões em que Sandra fizera afirmações críticas. Então ele foi capaz de articular os sentimentos que havia experimentado: raiva, tristeza.

Seguiram explorando a situação. Sandra falou da atitude condescendente de Carter no trabalho e de como isso a deixava assustada, enquanto Carter revelou seu constrangimento quando tinha de aceitar que Sandra era a dona do negócio e tivera uma educação melhor do que a sua.

Durante essa discussão fui esclarecendo as desconfianças que tinham um do outro. Sandra temia que Carter não a amasse mais e estivesse com ela apenas por causa do emprego. Carter suspeitava que a única coisa que Sandra apreciava nele era sua sexualidade. Depois que ambos debateram esses temores e ressentimentos e expressaram sentimentos simples sem deduzir as motivações, pudemos ir adiante e confirmar os pressentimentos intuitivos de cada um.

Abertura para a Intuição

Embora tenha encorajado ambos a falarem apenas de estados emocionais básicos — mágoa, tristeza, constrangimento, ira —, reações emocionais mais complexas continuaram aflorando. Em apenas uma hora aproximadamente já havíamos colhido uma série de informações: a sensação de Sandra de que era seduzida sexualmente e o medo de que Carter não mais a amasse, e a convicção de Carter de que ela menosprezava sua educação inferior e o via como um empregado sexual.

Então fomos em frente. Expliquei-lhes que reações emocionais complexas como essas compõem-se de emoções básicas e simples que produzem intuições negativas. Assegurei-lhes que agora estávamos prontos para lidar com essas suposições, e pedi a ambos para declarar suas desconfianças, exatamente as mesmas que antes lhes pedira para refrear.

Contudo, eu tinha uma única regra: ouvir o outro com a mente aberta. Em lugar de negar as acusações, buscar nelas a verdade, por menor que fosse.

Comecei com uma pergunta: Sandra considerava Carter simplesmente um homem sensual e desprovido de inteligência? Este era um dos medos de Carter, o que ela contestou veementemente. Ainda assim, convidei-a a pensar melhor.

"Sandra, vamos supor que Carter não está louco e, se ele acredita nessas coisas, é porque elas podem ter um fundo de verdade", objetei. "Não adianta rejeitar o que ele está sentindo. Por que você não procura perceber o que pode haver de verdadeiro nas apreensões de Carter, ainda que seja uma coisa insignificante?"

Sandra franziu o cenho e não disse palavra. Por fim, decidiu falar.

"É verdade que eu gosto do seu jeito de transar comigo, Carter. E também é verdade que desejo esse tipo de reação em você, tanto quanto tudo o mais que você me dá. E realmente acho que quando fazemos amor você é maravilhosamente insensato. Mas acho que você tem razão, essa sensação acaba se tornando parte de minha maneira de vê-lo o tempo todo, o que pode magoá-lo."

"É isso mesmo", disse Carter.

Passados alguns instantes de silêncio constrangedor, Sandra perguntou a Carter: "Posso dizer algo que tenho medo que você pense de mim?"

Ele concordou em ouvir o que ela queria dizer.

"Para mim é muito difícil falar, mas tenho medo que você pense que eu sou frígida."

"Você quer dizer sexualmente?", ele perguntou.

"É", Sandra falou, à beira das lágrimas.

Carter refletiu por um longo tempo. Por fim, lançou-me um olhar perplexo.

"Pense nisso", sugeri. "Por que ela teria essa impressão? Você acha que ela é fria de alguma maneira?"

"Bom, sim, acho que às vezes ela é fria", ele falou, voltando-se para Sandra. "E de certa forma o modo como você quer que os clientes sejam tratados é frio. E de vez em quando você me trata assim também. Tenho pensado a esse respeito. Mas na cama, você é apaixonada quando quer, ou melhor, quando você está bem comigo."

Sandra concordou. "Acho que deve ter sido isso que eu captei, que você considera minha atitude no trabalho fria. Eu odeio essa minha frieza", ela afirmou, recomeçando a chorar.

Carter aproximou-se para abraçá-la. "Eu não odeio, eu admiro. Admiro sua postura profissional. Só não feche minha conta."

Ambos desataram a rir.

A conversa prosseguiu, e Carter e Sandra continuaram a abordar os sentimentos mútuos.

Vimos como eles estavam ocupados tirando conclusões destrutivas das atitudes do outro e produzindo sentimentos nocivos no companheiro.

Mostrei como as relações costumam ser canalizadas em duas direções possíveis, a positiva ou a negativa. Amor, consideração mútua, confiança, generosidade, espontaneidade sexual e admiração pessoal podem ser um estímulo para ambos e criar um bom relacionamento, assim como raiva, egoísmo, ressentimento e julgamentos negativos podem arruiná-lo.

A relação de Sandra e Carter havia mudado de um estado positivo — o período inicial de entusiasmo e crescente afeto e paixão — para um estado negativo. Seriam necessários energia e empenho para restaurar o ciclo positivo e eventualmente restabelecê-lo, mas agora eles sabiam como estavam se sentindo, com que intensidade e por quê, e isto sem dúvida iria ajudar.

Sandra e Carter optaram pela terapia de casal e deram continuidade à sua educação emocional. Até hoje estão juntos e bem, e garantem que nossa conversa depois do jantar foi o princípio da renovação no relacionamento.

RESUMO DO CAPÍTULO CINCO

Examinar o Panorama Emocional

Embora psicólogos de renome preferissem que você acreditasse em algo diferente, você *pode* provocar emoções em outra pessoa e vice-versa. Por isso a afirmativa de ação/sentimento é tão útil. É possível utilizá-la para explorar os sentimentos próprios e alheios sem fazer acusações ou julgamentos.

O formato é simples: "Quando você (ação), eu sinto (emoção)."

Se usar corretamente afirmativas de ação/sentimento, aos poucos você começará a lançar luz no panorama emocional que o cerca. Você terá uma ferramenta para saber como as pessoas se sentem, com que intensidade e por quê.

Aprender a ouvir e entender como nossos atos influenciam os sentimentos alheios, sem nos tornarmos defensivos, é muito importante nesse processo. À medida que for ampliando sua Educação Emocional, você será capaz de sentir as emoções do outro fazendo uso de sua intuição. Aprenderá a afirmar seus palpites intuitivos e, se a verdade dessas intuições for confirmada pelo outro, sua intuição irá amadurecer e ganhar em empatia. Essa empatia amorosa constitui o alicerce do comportamento emocionalmente educado. Com ele, poderemos enfrentar situações emocionais difíceis e evitar seu agravamento na medida em que abrirmos as portas para relações mais ricas e satisfatórias.

6

Estágio Três: Assumir a Responsabilidade

A ETAPA FINAL, E A MAIS difícil, no aprendizado da Educação Emocional, é assumir a responsabilidade pelos erros que cometemos em nossos relacionamentos.

Se muitos de nós olhássemos para nossas vidas com honestidade, poderíamos perceber como somos verdadeiramente humanos, e quantos erros cometemos.

É bem sabido que cometemos esses erros o tempo todo. Magoamos aqueles que amamos, mentimos para nossos amigos, traímos pessoas que confiam em nós, tentamos ajudar e, quando fracassamos e o outro parece inacessível ao auxílio, passamos a atormentar gente que precisa de nós. Quando incorremos em tais equívocos e nos damos conta disso, colocamos a culpa em nós mesmos ou em nossas vítimas, ou pedimos desculpas vãs. Nenhuma dessas soluções é ideal. É muito melhor entender por que continuamos a repetir esses erros e depois tomar providências para corrigi-los.

Eric Berne, com sua teoria dos jogos e *scripts*, oferece-nos uma maneira muito eficiente de compreender por que cometemos tais equívocos emocionais. Vou explicar:

Os Jogos Mais Comuns

Se você se puser a observar as pessoas e suas conversas, perceberá que algumas têm uma forma característica de interação desagradável. Certas pessoas tornam-se mesquinhas e acabam assustando aqueles que as cercam. Há quem transforme qualquer conversa numa piada. E outros que sempre conseguem deprimir quem quer que seja seu interlocutor. Na maioria das vezes nós obedecemos a um desses padrões, às vezes a mais de um, e o repetimos insistentemente. Quando agimos assim, estamos jogando.

Preste atenção e observe os sentimentos que resultam de tais diálogos. Nesses jogos, uma ou mais pessoas terminam sentindo-se mal — magoadas, zangadas, assustadas e assim por diante. Outras interações são mais tranqüilas e parecem fazer bem aos indivíduos. Provavelmente não sofrem a influência dos jogos. Seja como for, as pessoas estão recebendo carinhos. No momento em que incorrem nesses jogos, as interações são negativas e os carinhos nocivos, e quando dispensam os jogos, as transações são positivas e as carícias benéficas.

Berne descobriu que existem diferentes tipos de jogos. Por exemplo, certas pessoas tomam parte em jogos deprimentes do tipo "Me dê um pontapé", outras preferem os do tipo "Agora te peguei", e outras ainda praticam jogos autodestrutivos como o alcoolismo.

Por que as pessoas jogam?

Existem diferentes teorias. Uma delas afirma que as pessoas que jogam estão fazendo uma tentativa equivocada de receber carinhos positivos, o que acaba produzindo um resultado nefasto e carinhos negativos.

Concordo com essa teoria e cheguei à conclusão que as pessoas jogam porque têm sede de carinhos e querem recebê-los a qualquer custo, mesmo que com isso consigam apenas carinhos negativos.

Scripts: **Decisões Que Regem Nossas Vidas**. Embora os jogos sejam tentativas malogradas e prejudiciais de receber carinhos positivos, cada jogo concluído proporciona ao jogador um resultado: confirma determinada visão de mundo que o jogador decidiu adotar. Isto faz com que sua vida lhe pareça coerente e compreensível, conquanto seu entendimento da vida seja negativo.

Eis algumas visões de mundo negativas típicas: "As pessoas legais sempre se dão mal", ou "Nunca confie numa mulher (homem)", ou "Meta-se comigo e você vai se arrepender". Esse tipo de percepção, embora negativa, dá ao jogador a sensação de que compreende a vida, por mais ordinária que ela seja.

Desde cedo as pessoas escolhem quais serão as perspectivas para a sua vida. Essas decisões tornam-se projetos de vida, ou *scripts*, semelhantes aos roteiros de cinema ou teatro. Muitas pessoas obedecem a esses *scripts* pelo resto de suas vidas.

Sempre que participa de um jogo até sua conclusão, o indivíduo tem um sentimento de satisfação agridoce denominado "desfecho do *script* (ou existencial)". Essa sensação sugere-lhe que, embora esteja completamente confuso, pelo menos ele sabe quem é e qual o significado real de sua vida.

Há certas afirmações existenciais realmente nocivas, mas que no entanto conferem significado à vida: "Nasci para perder", "Todo mundo me detesta", "Nada dá certo". No fim de um péssimo dia, pelo menos podemos dizer a nós mesmos: "Eu sabia. A vida é um inferno e depois você morre". Ao termo de uma existência terrível, podemos afirmar: "É isso aí. Exatamente como eu pensei. A vida foi um inferno e agora eu estou morrendo."

Os jogos são parte desses padrões ou *scripts* de vida globais. O jogador do tipo "por que você não...? Sim, mas..." tem um *script* depressivo; o jogador do tipo "Me dê um pontapé" tem um *script* de vítima; o jogador irado tem um *script* de perseguidor; o alcoólatra tem um *script* autodestrutivo e trágico, e assim por diante.

Uma das decisões de *script* que tomamos nos primórdios de nossa vida trata das nossas emoções. Com freqüência escolhemos um extremo emocional ou seu oposto. Nenhum deles conduz à Educação Emocional ou a uma existência satisfatória.

Decidimos suprimir nossos sentimentos e acabamos nos tornando permanentemente insensíveis; ou resolvemos ser intensamente sentimentais, não controlamos nossas emoções e acabamos vivendo num caos emocional. Decidimos não amar e nos tornamos duros e indiferentes; ou optamos por amar o tempo todo e repetidamente terminamos decepcionados. Tomamos a decisão de evitar o perigo a todo custo e nos tornamos totalmente passivos; ou decidimos expressar a raiva livremente e passamos a ser violentos. Resolvemos deixar de sentir ou entregar-nos a qualquer emoção que nos acometa.

Decisões como essas conduzem-nos a um beco sem saída emocional. E como o *script* responsável é uma parte tão nossa, torna-se extremamente difícil perceber o que está acontecendo. Entretanto, tudo o que precisamos fazer para escapar dessa situação crítica é analisar os principais padrões de nossas vidas. Qualquer um que se meta regularmente em encrencas com as pessoas provavelmente perceberá, com alguma reflexão, que está preso a uma série de jogos que compõem um *script* de vida, que foi definido no começo da vida como reação a um fato traumático ou infeliz daquela época.

Vejam o empregado que sempre é despedido. Ou a mulher que é repetidamente abandonada pelos amantes. Ou o homem que está todo o tempo embriagado. Se você sempre está atrasado ou endividado, se vive esquecendo as coisas, mentindo para encobrir seus erros ou sem um tostão, provavelmente esses contratempos constantes fazem parte de um *script* de toda uma vida.

Um grande volume de teorias procura explicar por que nossas vidas se tornam tão confusas, por que ficamos tão deprimidos que chegamos a perder o interesse pela vida, ou por que enlouquecemos ou nos entregamos a um vício, ou magoamos aqueles que nos cercam. A grande maioria das teorias tende a responsabilizar nossos pais. Um certo número delas coloca a culpa nos genes de nossos antepassados, afirmando que esses problemas são hereditários. Outras acusam o comportamento de nossos pais, alegando que eles nos maltrataram e nos ensinaram a ser deprimidos, insanos ou ébrios. Todas essas teorias têm um fundo de verdade para algumas pessoas e são certeiras para outras. Existem aspectos hereditários no alcoolismo, na loucura e na depressão. Alguns aprendem com os pais a alimentar a depressão, a desonestidade ou a ira, ou mesmo a ter atitudes insanas ou a drogar-se. Em suma, alguns de nós tiveram infâncias difíceis que produziram confusão e medo.

No entanto, ainda que algo em nossos genes nos leve a agir assim, e por mais que nossas vivências infantis possam ter sido nocivas para nós, a vida continua sendo constituída por experiências diárias que são talhadas por nossas decisões e comportamentos cotidianos.

Se transformamos essas experiências com a modificação de nossas decisões e atitudes, e corrigindo nossos erros, nossa vida também pode ser transformada.

É possível alterar os padrões de nossa vida, se decidirmos transformar nossos *scripts* e encontrar significado numa maneira de vida diferente, com a qual possamos ser úteis a outras pessoas em lugar de magoá-las. Esta decisão favorece a Educação Emocional e exerce um efeito transformador tanto naqueles que nos cercam como em nós mesmos.

O Salvador, o Algoz e a Vítima. De que maneira podemos escapar de nossas armadilhas emocionais? Como os *scripts* não estão fixados em nosso cérebro e como tomam por base nossas próprias decisões, nós não estamos presos a eles. É possível alterá-los, bastando para isso transformar nosso pensamento e ter atitudes diferentes e mais produtivas.

O primeiro requisito para mudar nosso *script* é entender os três principais papéis destrutivos que as pessoas representam em seus jogos. São os papéis de Salvador, Algoz e Vítima, presentes em todos os jogos. No momento em que representamos um velho *script*, selecionamos um desses três papéis para nós.

Os Salvadores cuidam daqueles que deveriam tomar conta de si mesmos, protegendo-os de apuros, impedindo-os de tomar suas próprias decisões ou de encontrar seu próprio caminho. Os Algozes criticam, distribuem conselhos e punições. As Vítimas são incapazes de tomar decisões, deixando que outros conduzam suas vidas e tomem conta delas.

Por que nos agarramos a esses papéis? Porque aprendemos a receber carinhos sempre que os representamos e porque são eles que dão sentido a nossas vidas.

É curioso mas é verdade: quem representa um desses papéis acaba trocando e assumindo os outros dois papéis.

Por essa razão, na Análise Transacional, como sugere Stephen Karpman (ver Referências), dispomos esses três papéis num triângulo, para mostrar como as pessoas passam de um papel para o outro, num círculo vicioso infinito.

Na verdade, esses papéis são tão importantes para nós que foram institucionalizados, tornando-se cada um deles o alicerce de uma ideologia política. O Algoz foi adotado por extremistas conservadores, que defendem a renúncia a toda noção de responsabilidade por seus semelhantes, bem como a prisão e o repúdio a todos que não forem "bons" cidadãos. O papel de Salvador constitui a atitude preferida dos liberais "impostos e gastos", capazes de sacrificar todos os nossos recursos para cuidar de outras pessoas. A Vítima é o papel favorito de qualquer grupo cujos membros disponham-se a enfrentar a sociedade ou não queiram cuidar de si mesmos e prefiram que outros assumam esse encargo.

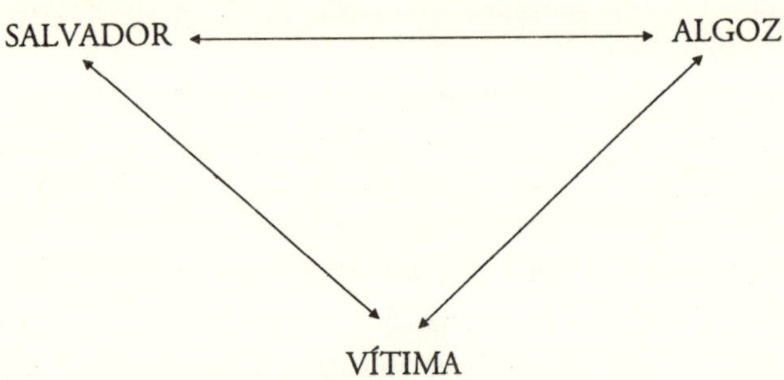

Ora, isso não quer dizer que vez por outra tais atitudes não sejam legítimas. Pode ser louvável prestar auxílio a outras pessoas, assim como exigir que cuidem de si mesmas pode constituir uma atitude admirável. É razoável pedirmos ajuda quando nos sentimos impossibilitados de ir em frente. Entretanto, no momento em que alguma dessas iniciativas transforma-se num dogma político que não pode ser questionado, ou num papel inflexível, ela se torna prejudicial e improdutiva.

Como rasgar o próprio *script*, dar um basta a esses jogos e recuperar a própria vida? A resposta é: você precisa abrir mão dos papéis de Salvador, Algoz e Vítima. Mas é preciso ter cuidado e verificar se com isso não estamos simplesmente pulando de um papel para outro. É muito importante perceber que, se representar um desses papéis, você acabará incorrendo nos outros dois. Quando alguém tenta parar de jogar, sua tendência inicial é mudar para um papel diferente no mesmo jogo. Se é a Vítima num jogo de alcoolismo (isto é, o alcoólatra), talvez você pense que está mudando, se passar a ser o Algoz ou o Salvador. Você poderá acreditar que está mudando, o que não é verdade. Trata-se simplesmente do mesmo jogo, apenas com uma mudança de elenco.

ESTUDO DE CASO

Mudança de Papel

Harry é alcoólatra. Bebe todos os dias e embriaga-se nos fins de semana. Sua esposa, Helen, bebe moderadamente, mas é uma fumante inveterada. Depois de um porre de fim de semana particularmente desagradável e uma ressaca na segunda-feira de manhã, Harry decidiu parar de beber. Na quarta-feira ainda não havia tomado um drinque sequer e estava se sentindo muito bem, sóbrio e virtuoso. Então começou a perseguir Helen e seu hábito de fumar, procurando convencê-la de que ela também é alcoólatra e deve abandonar radicalmente a bebida.

Ela já passara por isso antes. Não se deixa impressionar pelos argumentos do marido e fica irritada porque ele a está importunando. Harry acha que está mudado. Helen sabe que não é verdade, e aconselha-o a sair do seu pé e ir a uma reunião dos Alcoólicos Anônimos. Ele diz que não precisa do AA.

Para resumir a história, na sexta-feira Harry já está bebendo de novo e colocando a culpa em Helen por sua recaída.

Esse é o relato do jogo de um alcoólatra que não se transformou. Vejamos o Salvador que não consegue escapar de seu *script*, embora acredite estar se saindo bem ao assumir o papel de Algoz.

Há anos Helen é a Salvadora de Harry. Um dia ela lê algo sobre co-dependência e decide desligar-se completamente do marido. Quebra todas as garrafas de bebida da casa, troca a fechadura da porta e diz a Harry que ele não poderá entrar em casa enquanto continuar bebendo. Quando Harry chega em casa depois do trabalho e de alguns drinques no bar, ela não o deixa entrar e chama a polícia quando ele começa a esmurrar a porta. No momento em que a polícia chega, ela o deixa entrar, os guardas vão embora e Harry bate nela, passando de Vítima a Algoz. Tudo volta a ser como antes. Mais uma vez, trata-se de uma abordagem extremada e inflexível do problema, que não representa uma transformação real.

Evidentemente não são essas as verdadeiras soluções. Se estiver preso a um *script* desse tipo, o que você precisa fazer é encarar-se a si mesmo e suas atitudes com sinceridade, e admitir que talvez você esteja errado e precise de ajuda, acolhendo idéias novas e melhores. É preciso abandonar por completo esse carrossel de papéis e começar a receber carinhos honestamente, em vez de jogar para obtê-los.

É mais fácil falar do que fazer, mas é possível. Berne acreditava que, na maioria das vezes, nós estamos basicamente OK e, se tivermos uma oportunidade, poderemos encontrar a felicidade e passar a ter vidas mentalmente saudáveis. Daí o dito popular:

"Eu estou OK, você está OK". Para efetuar essa mudança, cada um precisa encontrar a "essência OK" em si mesmo e reconhecê-la no outro.

Não existe melhor maneira de encontrar sua essência OK do que decidindo mudar de atitude a partir de agora; amar e cuidar de si próprio, e ao mesmo tempo amar e cuidar de seus semelhantes. Em outras palavras, não ser o Salvador, o Algoz nem a Vítima. E nada melhor para fazer-nos lembrar de nossos erros passados do que um pedido de desculpas sincero para cada um deles. Por isso, a última parte do programa ensina a pedir desculpas e a buscar a reparação.

A Importância de Assumir a Responsabilidade

Os erros que cometemos, em geral varridos para debaixo do tapete, exercem um efeito corrosivo, duradouro e cumulativo em nossas relações. Após anos de acúmulo de prejuízos emocionais, muitos relacionamentos tornam-se frios e distantes, ou simplesmente chegam ao fim.

Para efetuar uma transformação verdadeira e definitiva numa relação que se desgastou em razão de equívocos emocionais, é preciso assumir a responsabilidade. Afinal de contas, podemos nos tornar receptivos às interações, bem como reconhecer o terreno da paisagem emocional, se abrirmos nossos corações, mas os danos emocionais entre as pessoas não podem ser sanados sem que sejam feitos esforços para definir e admitir os erros e negligências cometidos.

O problema é que muito poucas pessoas possuem habilidade emocional suficiente para pedir desculpas de maneira sincera e não-defensiva. Em resumo, a grande maioria não sabe como dizer sinto muito.

A última aptidão em educação emocional que vou ensinar é a arte primorosa de reconhecer os próprios erros e pedir, até mesmo implorar, o perdão.

A idéia de pedir desculpas com toda sinceridade infunde pavor ao coração do homem comum. Ficar desacreditado, voltar atrás, humilhar-se — todas essas possibilidades trazem de volta lembranças de embates escolares humilhantes. Aprendemos a acreditar que recuar é sinal de fraqueza e humilhação. No entanto, um indivíduo emocionalmente maduro admite seus erros e pede desculpas pelos danos produzidos por suas atitudes.

Usarei um exemplo comum da minha própria vida para ilustrar essa questão.

Um Exemplo Pessoal. Eu tinha acabado de chegar a Chicago, vindo da Europa, e fui imediatamente para o hotel onde fizera reserva. O vôo deixara-me exausto e eu estava ansioso por um banho quente e uma longa noite de sono. A recepcionista, uma jovem bastante atenciosa, verificou em seu livro e, depois de procurar por algum tempo, sacudiu a cabeça educadamente.

"Sinto muito, Dr. Steiner, mas não temos reservas para o senhor hoje. Sua reserva começa amanhã, e esta noite não temos nenhum quarto livre."

A notícia deixou-me desconcertado.

"Mas eu mesmo telefonei há várias semanas..."

"Sim, e estou vendo aqui que o senhor está registrado para amanhã", ela insistiu.

"Bem, o erro foi seu!", vociferei.

Cada vez mais exaltado, de repente comecei a me dar conta de que eu estava errado. Presumira que a reserva seria para um dia depois de deixar a França, mas havia me esquecido de que na verdade eu estaria chegando no mesmo dia num vôo leste-oeste da Europa para os Estados Unidos. Nesse meio tempo a recepcionista havia chamado alguém pelo telefone e estava explicando a situação.

Um minuto depois ela desligou e disse: "Dr Steiner, vamos tentar arranjar um quarto, mas..."

A essa altura eu já deixara de ouvir. Fora à Europa dar um curso de Educação Emocional e sabia que tinha de colocar em prática aquilo que eu pregava, ainda que isso significasse a possibilidade de acabar na rua.

"Posso lhe pedir desculpas?", perguntei, o rosto rubro de constrangimento.

Ela me olhou perplexa.

"Só agora percebi que você estava com a razão", prossegui. "Quando telefonei para fazer minha reserva, imaginei que chegaria no dia seguinte à minha partida de Paris."

"Não tem problema", ela respondeu. "Isso é muito comum, as pessoas não se dão conta de que não há diferença de fuso horário quando voltam. Mas elas nunca pedem desculpas."

"Bem, eu lhe devo desculpas pela maneira como a tratei ainda agora", insisti. "Você aceita?"

"Ah, sim, não tem problema", disse ela, baixando o olhar para seu livro.

"Não, não, falando sério, você aceita minhas desculpas?"

Ela voltou os olhos para mim e sorriu. "Claro, por que não? Muito obrigada", disse. "As pessoas esperam um pedido de desculpas por nossos erros, mas raramente desculpam-se pelos seus."

Como você pode imaginar, essa história teve um final feliz. Ela encontrou um quarto para mim e pouco depois eu já estava confortavelmente adormecido. Havia colocado em prática aquilo que proclamava e me senti muito bem assim. Consegui um quarto e estabeleci uma interação agradavelmente sincera com uma moça encantadora, tudo isso por causa de um equívoco.

Uma série de obstáculos devem ser superados para que então possamos assumir a responsabilidade e oferecer um pedido de desculpas sincero.

1. Admitir para nós mesmos que cometemos um erro. Em geral é tão difícil perceber que erramos porque assim nós nos tornamos vulneráveis ao julgamento severo de nosso Pai Crítico.

É comum ouvir mentalmente a seguinte crítica:

- "Seu idiota, você cometeu um erro ridículo, e agora ainda por cima está fazendo papel de bobo com essa discussão", ou
- "Muito bem, como sempre você está por fora", ou
- "Você é mesmo pirado, veja só o que fez agora!"

Não se esqueça de que um dos objetivos do Pai Crítico é fazê-lo sentir-se deficiente e não OK, e admitir um erro para si próprio oferece a oportunidade perfeita para alcançar exatamente essa finalidade.

2. Admitir seu erro para o outro. Como se não bastasse admitir para nós mesmos o nosso erro, confessar ao outro que cometemos um erro nos torna vulneráveis à ira e à decepção alheia, assim como à fiscalização e à cólera de nosso Pai Crítico.

Isto pode constituir um obstáculo tremendo e humilhante, mas é preciso aprender a superá-lo. Admitir os próprios equívocos é uma experiência purificadora e poderosa, e todo aquele que aspira à Educação Emocional deve passar por ela.

3. Sentir e expressar autêntico pesar. Aqui ter o coração aberto será indispensável, pois mesmo se reconhecermos e admitirmos nosso erro, isso não significará necessariamente admitir ou lamentar os prejuízos que talvez tenhamos causado. Por isso esta é a última fase do aprendizado da Educação Emocional: é difícil pedir desculpas por um dano emocional que não compreendemos.

Impõe-se desenvolver a empatia antes de sermos capazes de reconhecer o sofrimento que nossos atos ocasionaram em outras pessoas. Sem esse reconhecimento, é difícil assumir a responsabilidade. Graças à empatia desenvolvida neste trabalho, podemos perceber como nossas atitudes podem ter levado alguém a sentir-se magoado, triste, envergonhado, zangado ou assustado. Somente a partir do momento em que realmente entendermos isso é que estaremos predispostos a lamentar nossos atos.

4. Finalmente, admitir a necessidade de promover a reparação. Via de regra, assumir a responsabilidade de um erro significa promover a reparação. O que significa mudar nosso comportamento e até mesmo oferecer uma compensação. Quando promovemos a reparação, deixamos de ter atitudes que magoam as pessoas. Paramos de representar os papéis do passado.

A reparação constitui um aspecto importante do perdão, pois através dela colocamos a ação no lugar de nossas palavras, por assim dizer, e em muitos casos o perdão não seria possível sem ela.

Seguindo o conselho oferecido no Estágio Três, você entenderá o que significa assumir a responsabilidade dos próprios atos. Aprenderá a admitir — para si mesmo e para a(s) vítima(s) de seu engano — que fez algo errado e que está disposto a fazer o que for preciso para consertar as coisas.

Lembre-se, todos cometemos erros, inclusive emocionais. Tornando-nos emocionalmente educados, aprendemos a evitar os equívocos em sua origem e a corrigir o mais rápido possível aqueles que já cometemos.

De Que Maneira os Papéis de Vítima, Algoz e Salvador Produzem Erros Emocionais Comuns

Já discutimos os três papéis emocionalmente destrutivos que representamos no nosso dia-a-dia. Agora vamos analisá-los mais detalhadamente.

O Salvador. A Salvação é um episódio interativo, parte de um tipo de comportamento bastante comum, também conhecido como "co-dependência" ou "capacitação". Em geral, tem início como um excesso de disponibilidade para prestar auxílio, o que mais tarde causa problemas e conflitos. Representamos o papel de Salvador quando fazemos algo que não queremos para outra pessoa, ou quando fazemos mais do que a nossa parte.

Somos estimulados a Salvar quando o outro parece incapaz de assumir a responsabilidade por si mesmo.

Certas pessoas são salvadoras contumazes e saem em auxílio de outras sob qualquer pretexto, mesmo que estas não queiram realmente ser Salvas. De modo geral tomamos essa atitude porque:

- Gostamos de nos sentir necessários.
- Confundimos pessoas capazes que estão passando por dificuldades com pessoas impotentes que estão passando por dificuldades.
- Ensinaram-nos que sempre temos de fazer as pessoas felizes.

Ellen é um exemplo da Salvadora contumaz.

Ela ficou sabendo que Richard, seu vizinho de longa data, está com AIDS. Quando o encontra, vê-se forçada a ser extremamente atenciosa, e a referir-se à sua enfermidade com o máximo de tato e consideração.

Finalmente, o esforço excessivo para que Richard se sentisse bem torna um estorvo até mesmo a simples visão do vizinho. Ellen tem uma vaga consciência de que Richard é um homem extremamente auto-suficiente e espiritualmente equilibrado, e que na verdade não necessita de toda a energia emocional que ela vinha despendendo. Contudo, Salvar é um hábito tão arraigado que ela não sabe como pôr-lhe fim.

Essa Salvação torna a relação de Ellen e Richard cansativa, até que ela começa a evitá-lo. Entretanto, no fundo sabe que está tornando ainda pior uma situação já delicada para Richard, e sente-se culpada por envolvê-lo em seu jogo de Salvadora. Esta situação é bastante conhecida de Ellen, que está sempre tentando ser boa para os outros, mas via de regra acaba por criar problemas para as pessoas, em vez de solucioná-los.

A Salvação também pode originar-se de um desejo sutil de fazer com que o outro contraia uma dívida conosco, ou de uma incapacidade de dizer não quando nos pedem algo. Seja como for, nós agimos como Salvadores quando:

- Fazemos algo que não queremos, ou
- Fazemos mais do que nos cabe numa dada situação.

É fundamental estabelecer a diferença entre a salvação enquanto atividade humanitária e a Salvação enquanto papel emocionalmente prejudicial. Por isso, em Análise Transacional, escrevemos a primeira com minúscula e a segunda com maiúscula.

É claro que se alguém estiver em desamparo e precisar de alimento, cuidados médicos ou consolo, se pudermos ser úteis, não deveremos hesitar. Se chegarmos num momento crucial e literalmente salvarmos a vida de alguém, nós estaremos prestando um auxílio positivo. Contudo, num grande número de situações em que "ajudamos" o outro, na verdade o que estamos é prejudicando quando fazemos o papel de Salvador, embora provavelmente pensemos estar sendo úteis.

Aquele que é um Salvador contumaz, sempre fazendo mais do que deve e empenhando-se em atividades das quais não desejaria realmente participar, com certeza está criando problemas interpessoais. A ajuda indesejada promove o egoísmo, a dependência e a impotência da Vítima. Além disso, subtrai àquele que é Salvo a iniciativa e o poder pessoal, acabando por estimular a raiva e o ressentimento tanto no Salvador quanto na Vítima.

O Algoz. Mais uma vez, nesses três papéis, quando representa um deles, você acaba incorrendo nos outros dois. Por exemplo, inevitavelmente os Salvadores vêem-se dominados pelas necessidades daqueles a quem estão ajudando.

Cansam-se de cuidar dos outros e passam a nutrir-lhes ódio, por serem tão carentes e sugarem demais. Embora o erro tenha sido do Salvador, ele não se enfurece consigo mesmo, mas com aqueles a quem se dedicou em demasia. Afinal de contas, "eu dei tudo e não recebi nada em troca?"

Nesse ponto, os Salvadores tornam-se Algozes de suas Vítimas.

Peter é um mecânico competente e dado à bebida; depois do trabalho, costuma ir diretamente para o bar, onde toma algumas cervejas. Já chega em casa levemente embriagado e afunda no sofá em frente à TV, enquanto espera que Jacquie, sua esposa, volte para casa e prepare o jantar.

Jacquie também trabalha. Quando chega em casa, em geral ainda vai cozinhar, embora saiba que Peter não vai querer lavar os pratos.

No entanto, ela faz o jantar e arruma a cozinha na convicção de que o trabalho de Peter é muito cansativo e não cabe a ela censurá-lo. Quando vão deitar, Peter já está bem alto, depois de mais algumas cervejas. Não fazem sexo há anos.

As finanças do casal também estão sobrecarregadas em razão de gastos excessivos com almoços na rua e multas da Justiça, pois Peter foi condenado por dirigir bêbado.

Passados alguns anos, finalmente Jacquie se cansa. Conhece um homem simpático e abstêmio no trabalho e transa com ele, em parte apenas para ficar quites com Peter. Passa a gostar desse colega de trabalho e, poucos meses depois, no meio de uma discussão durante o jantar, Jacquie anuncia a Peter que vai deixá-lo.

Inopinadamente, Jacquie passou de Salvadora a Algoz.

Peter fica atordoado e sente-se uma vítima completa. Grita, implora e reclama nada entender. Vai para o bar, conversa com o *barman* e ouve canções *countries* que falam sobre a crueldade das mulheres. Agora ele é uma Vítima "indefesa" em pleno desenvolvimento.

Fortalecido por algum conselho inoportuno e pela bebida, ele decide ir para casa e assumir o controle da situação. Derruba a porta trancada e ameaça Jacquie. Peter passou de Vítima e Algoz, e agora Jacquie passou de Salvadora e Algoz para Vítima aterrorizada.

Ela vai para a casa de sua mãe, que toma o partido de Peter. Em conseqüência, Jacquie passa uma semana inteira em profunda depressão e insegurança, culpando-se integralmente pelo problema.

Finalmente, procura um advogado que lhe dá razão, e de novo ela passa de Vítima a Algoz. Preenche uma ordem judicial contra Peter e contrata um advogado. Ele muda de Algoz para Vítima, pede desculpas e implora o perdão de sua mulher. Ela, que passa de Algoz a Vítima, sente pena dele e concorda em voltar. Uma semana depois, Peter volta a beber e o processo se repete, só que dessa vez Peter bate em Jacquie.

Eles despendem mais alguns anos nesse carrossel de Salvador-Algoz-Vítima, até que Peter conhece outra mulher, que não se importa com seu hábito de beber e o acha atraente.

Agora é a vez de Jacquie ficar atordoada. Sem algum tipo de ajuda ou intervenção, ambos continuarão a incorrer nesses jogos com a família e os amigos, possivelmente até a morte de um deles.

Jacquie precisa pôr um fim a esse processo e recusar-se a ser a Salvadora, o Algoz ou a Vítima. Em lugar de passar abruptamente de Salvadora a Algoz, ela deve recorrer ao apoio de amigos ou a um grupo de auto-ajuda, como o Alanon, para então desenvolver um plano de ação que cuide de seus interesses e ajude Peter a decidir o que fará para tratar dos seus. Por fim, ela deve pedir desculpas a Peter por Salvá-lo, prometendo nunca mais repetir esse comportamento. Depois de tudo isso, ela poderá sentir que o relacionamento não está funcionando e decidir deixar Peter. Contudo, se fizer isso, ela não estará fazendo uma troca de papéis, mas uma verdadeira mudança no *script*. Mais adiante, neste capítulo, encontra-se um exemplo de como conseguir isso.

A Vítima. Como acabamos de ver, quando fazem o papel de Salvador, os indivíduos acabam por enfurecer-se.

No momento em que isso acontece, o alvo da generosidade equivocada do Salvador torna-se consciente da raiva e desprezo do Salvador. A Vítima que é Salva começará a sentir-se humilhada e tratada como se fosse um caso para uma instituição de caridade.

Dificilmente as pessoas gostam de ser vistas como a Vítima, por isso sentem-se humilhadas e ressentidas quando se dão conta de que estão sendo Salvas.

O exemplo acima constitui um episódio do ciclo de Salvação na vida real. Eric Berne falava do primeiro, segundo e terceiro estágio do jogo. É possível avaliar a gravidade desses papéis pelos prejuízos causados à Vítima.

Se a Vítima é agredida fisicamente, como no caso de Jacquie, temos um caso de Algoz e Salvador de "terceiro grau". Nos casos mais comuns, de primeiro grau, a Vítima sofre humilhações, mágoas e tristezas. O jogo de terceiro grau acaba em suicídio ou agressões físicas graves.

Chegamos então à questão delicada que é o papel da Vítima e sua cota de responsabilidade no que está acontecendo.

Sem dúvida um grande número de indivíduos deixa-se esmagar pela intenção única que move um outro: ser o Algoz. Os judeus na II Guerra Mundial, os negros dos guetos ou as vítimas de estupro e incesto são um exemplo. No entanto, em alguns casos a Vítima agrava a situação ao aceitá-la. Com certeza, no caso de Jacquie ela está colaborando para o que está lhe acontecendo.

A tendência a culpar as mulheres que concordam com as agressões infligidas a si próprias e aos filhos é um outro exemplo. Contudo, no caso da mulher que está sujeita a uma situação de violência sem meios de escapar, é importante levar em conta que talvez sua responsabilidade seja menor.

Em muitos casos, todavia, cabe à Vítima o mesmo quinhão de responsabilidade pela situação que ao Algoz ou ao Salvador. Fundamental na relação Salvador-Vítima é a raiva que a salvação de pessoas acaba por provocar. O Salvador se cansa de fazer coisas que não quer e a Vítima se cansa de ser tratada como alguém que não pode cuidar de si mesmo.

Inevitavelmente o Salvador perseguirá a Vítima, ou a Vítima perseguirá o Salvador. A raiva fluirá em todas as direções.

No momento em que representamos qualquer um desses papéis, a atitude emocionalmente educada é consertar a situação, melhorar as coisas. Começaremos com a Salvação.

NONA ETAPA

Pedir Desculpas por Nossos Erros

Remediando uma salvação

Embora o impulso de fazer as coisas pelos outros seja tentador, e por mais difícil que seja dizer "não", aprender a não Salvar é fundamental para aquele que deseja preservar e desenvolver relacionamentos significativos. Quando percebemos que estamos representando o papel de Salvador, numa espécie de círculo vicioso, é importante consertar nosso erro, reconhecendo essa atitude, pondo-lhe um fim e pedindo desculpas. Eis uma maneira de fazê-lo:

> *Quando eu (descreve-se a ação), Salvei você: 1) porque eu não queria realmente fazer isso, ou 2) porque percebi que estava fazendo mais do que devia. Peço desculpas e da próxima vez prometo sair-me melhor. Você aceita minhas desculpas?*

Essa questão deve ser tratada com todo o cuidado. Tomar consciência de que alguém tem agido como seu Salvador pode ser extremamente humilhante. Além disso, saber que uma pessoa das suas relações quer deixar de lado alguma atitude que já vinha praticando há algum tempo pode soar como abandono. O assunto deve ser abordado com muita delicadeza, e é essencial assumir a responsabilidade pelo erro cometido, mostrando-se ao mesmo tempo tão carinhoso quanto possível.

Para deixar de ser o Salvador, você precisa perceber com clareza o que quer ou o que não quer fazer, e o que é lícito. E, é claro, você tem de determinar que atitude sua constitui especificamente uma Salvação.

A melhor maneira de fazer isso é colocando-se questões sobre o que você vem fazendo e se deve ou não continuar agindo assim. Por exemplo, talvez você precise se perguntar:

- Quero dar continuidade a essa conversa?
- Quero fazer sexo?
- Quero consertar o carro?
- Quero ir ao jogo?
- Quero visitar a família de meu marido?
- Quero cozinhar hoje à noite?

Vez por outra, a atitude de Salvar pode exigir mais do que o seu quinhão. Neste caso, você deve se perguntar qual seria a cota de esforço mais justa num relacionamento. E pode fazer a si mesmo perguntas desse tipo:

- Para mim é suficiente lavar os pratos enquanto Mary cozinha, ou também devo varrer o chão?
- Está certo que seja sempre eu a iniciar a relação sexual?
- Sou eu que sempre devo pagar o jantar quando saímos?
- É justo que eu sempre pegue as crianças na escola?
- Há meses Sharon vem falando sobre seus problemas com a irmã. Devo deixar que ela continue, ou digo que esse assunto já está me cansando?

Em outras palavras, você tem de aprender a saber o que quer fazer ou qual é, na sua opinião, uma distribuição justa das responsabilidades no relacionamento. Vou explicar o que estou querendo dizer usando o exemplo de Peter e Jacquie:

- Quando Jacquie prepara o jantar todas as noites e Peter assiste TV, ela está fazendo mais do que a sua parte, portanto, está sendo a Salvadora, ainda que goste de cozinhar e não se incomode.
- Quando ela lava a louça porque Peter sugere deixar tudo para a manhã seguinte, ela está fazendo algo que odeia, portanto, está sendo a Salvadora.

Erros Que Cometemos Quando Pedimos Desculpas

Falar da Boca para Fora. A importância do pedido de desculpas é universalmente reconhecida.

A Reparação é uma das 12 etapas do programa dos Alcoólicos Anônimos. Aqueles que trabalham com o público, como por exemplo aeromoças e caixas de banco, aprendem a pedir desculpas como uma forma de acalmar clientes irados, quando necessário.

Um pedido de desculpas pode ser superficial e inexpressivo. Não basta dizer simplesmente "Puxa, sinto muito", ou mesmo "Sinto muito, sinceramente", se não houver uma atitude de seriedade e arrependimento sublinhando o pedido.

Por exemplo, Peter pedia desculpas com freqüência a Jacquie. Entretanto, mal se dava conta do que estava dizendo, e na certa expressava-se com um mínimo de sinceridade. Sabia que assim apaziguava Jacquie, por isso estava pronto a pedir desculpas sempre que tinham algum problema. Ela aceitava a justificativa do marido, mas em questão de dias — talvez horas — sentia que aquilo não servia para nada.

Um pedido de desculpas deve ser sincero e ter como alvo determinada atitude; caso contrário, perde o significado e acaba se tornando inútil. Só as palavras não são suficientes para mudar as coisas ou abrandar aquele que foi magoado. E, é claro, desculpas que não são seguidas por uma mudança de atitude tornam-se rapidamente inexpressivas.

Culpar a Vítima. Quando descobrimos que estamos sendo o Salvador de alguém, é comum sentirmos raiva dessa pessoa. Jacquie é um exemplo: depois de tanto Salvar, ela ficou furiosa com Peter. Dificilmente enfurecer-se constitui a reação certa; com certeza é a atitude errada se você quer deixar de ser um Salvador.

Lembre-se de que para dançar o tango são necessárias duas pessoas, mas para mudar a dinâmica de uma relação, basta uma. Ficar irado pode prejudicar o relacionamento com a pessoa que você tem ajudado, por isso é importante pôr um fim à Salvação antes que a raiva aumente. O que se consegue com uma explicação delicada e enriquecedora, e não com um retraimento repentino. Acima de tudo, não coloque a culpa de seu próprio erro na vítima. Não se esqueça: ser o Salvador é um erro seu, não necessariamente um erro da Vítima que é Salva.

ESTUDO DE CASO

Os Dois Lados de um Pedido de Desculpas

Eis um exemplo de um pedido de desculpas adequadamente proferido e aceito:

Freqüentemente Laura mantinha relações sexuais com o marido, Brian, sem sentir vontade. Ele alegava que tivera um dia difícil e precisava dela, ou que estava excitado e não ia conseguir dormir se ela não fizesse sexo com ele. Caso Laura se recusasse, Brian ficava zangado ou emburrado. Nesse ponto Laura acabava cedendo, não importa como estivesse se sentindo.

Ela me procurou e perguntou se poderia modificar sua relação com Brian. Dizia amá-lo, mas sentia-se usada por ele. Ultimamente o ressentimento contra o marido vinha aumentando, e chegara a pensar em deixá-lo. Laura acreditava que um pouco de educação emocional poderia ser útil, e gostaria que eu lhe transmitisse as ferramentas necessárias.

Depois de conversar por algum tempo com ela, percebi que Laura costumava representar o papel de Salvadora não apenas com Brian, mas em todo tipo de situação. Com Brian, seu pior ato de Salvação consistia em manter relações sexuais mesmo sem ter vontade. Agora ela estava se sentindo usada e queria tornar-se o Algoz, deixando o marido.

Expliquei-lhe a importância de assumir a responsabilidade por suas atitudes e mostrei como produzir um pedido de desculpas pelo comportamento de Salvadora.

Afirmei que ela precisava deixar de ser a Salvadora em todas as situações, e que seria uma boa idéia começar por Brian. Eis o que aconteceu em seguida:

Na sexta-feira à tarde, Laura disse a Brian que gostaria de fazer um jantarzinho especial na noite seguinte para terem uma conversa importante. Brian mostrou-se desconfiado e um tanto alarmado.

"Quero falar sobre algo em que tenho pensado", disse Laura. "Jantaremos cedo e depois poderemos conversar tranqüilamente."

Na noite de sábado, depois que Brian terminou de jantar, Laura respirou fundo e deu a partida.

"Brian, tenho me sentido um pouco incomodada com uma questão nossa. Posso falar sobre isso?"

Brian deu de ombros. Embora estivesse sorrindo, internamente ele se sentia apreensivo. "Bom, parece que é por isso que estamos aqui", anunciou cautelosamente.

"Bem, fico com medo de você se aborrecer com o que vou dizer. Lá vai". Laura engole em seco. "Para mim está sendo difícil fazer amor com você ultimamente, porque às vezes não sinto vontade."

Fitou-o nervosamente, procurando perceber a reação de Brian. Não conseguindo identificar nada no rosto do marido, ela foi em frente. "Não mostro claramente a você que eu não quero, acho que eu passo uma mensagem dupla, e peço desculpas por isso."

Brian explodiu. "O que você está querendo dizer? Não quer mais dormir comigo?"

"Não, não estou dizendo que nunca tenho vontade de transar, só estou querendo mostrar que nós fazemos sexo quando você está com vontade e não quando eu estou, e eu não quero continuar a fazer amor sem sentir vontade. Não estou colocando a culpa em você pelo meu comportamento até agora, satisfazendo os seus desejos e ignorando os meus. Estou tentando assumir a responsabilidade pelos meus atos, mas também quero mudar as coisas."

"Bom, parece que eu não estou te excitando, que você transa por caridade..."

"Não, não, você me atrai sim, só que às vezes estou cansada ou preocupada ou simplesmente não sinto vontade de ter relações."

"Bem, alguma vez você sentiu vontade? O que me parece é que, se eu não começar, de você nunca vai partir nenhuma iniciativa."

"É verdade que em geral não sou eu quem inicia a transa, mas às vezes eu gosto muito quando você toma a iniciativa. Em outras ocasiões, como eu já disse, estou cansada e não muito disposta. Não quero continuar a transar assim, sem sentir realmente vontade. Fico com vergonha de mim mesma e, de vez em quando, até mesmo com raiva de você. Talvez se a gente não transasse tantas vezes sem que eu sinta vontade, eu pudesse sentir vontade mais vezes."

Brian ouviu em silêncio.

"A culpa não é sua, eu assumo a responsabilidade pela minha decisão de ceder. Mas a partir de agora quero agir diferente. Só quero que a nossa relação seja agradável, como sei que ela pode ser, porque eu te amo."

Brian fitou-a desconfiado. "Bom, não vou te incomodar, não quero que você faça caridade sexual comigo. Quando quiser fazer amor, me avise."

Com isso, ele foi para o sofá e ligou a TV para assistir a um jogo de beisebol. Laura estava bastante abalada, embora eu a houvesse alertado que Brian poderia mostrar-se muito defensivo a princípio. Contudo, uma vez superado o choque inicial, provavelmente ele iria relaxar e aceitar os sentimentos e a proposta da esposa.

Laura foi para o quarto, onde sabia que não seria ouvida, e telefonou para a irmã, com quem desabafou sobre seus problemas. Depois foi se deitar e leu um romance. Decidiu deixar a louça para o dia seguinte. Quando Brian veio deitar-se, fingiu estar dormindo para evitar um confronto. Ele se acomodou na cama sem encostar nela e, depois de permanecer algum tempo acordado, caiu no sono. Ao ouvir sua respiração regular, Laura aproximou-se e abraçou-o até adormecer. Estava preocupada, mas procurou ter em mente que as coisas terminariam bem.

Pela manhã, Brian, que havia percebido Laura aninhada junto a ele durante a noite, mostrou-se arredio, limitando-se a ler o jornal e a tomar o café. Então decidiu sair inesperadamente, anunciando uma combinação dominical de última hora com alguns amigos.

À noite, chegou em casa com um pequeno ramo de flores desajeitadas que havia colhido quando voltava para casa. Ela o beijou em agradecimento. Por um instante, sentiu vontade de agarrar Laura e beijá-la, mas conteve-se, sentindo-se vagamente humilhado. Ela percebeu a perturbação do marido e foi para a cozinha preparar um chá.

Brian sentou-se no sofá, debatendo-se com o sentimento de humilhação. Afinal de contas, pensou, ela não está me censurando. Lembrou-se das raras vezes, no princípio do relacionamento, em que ela quisera transar e ele havia se mostrado cansado demais. Decidiu tentar não levar a situação para o plano pessoal.

"Vamos comer fora esta noite", ele anunciou impulsivamente.

Durante o jantar, Brian perguntou: "Posso falar sobre como estou me sentindo?" Laura concordou animadamente.

"Quando você me falou da sua falta de vontade para o sexo ontem à noite, a princípio fiquei zangado, e depois assustado com a idéia de que você não sentisse mais atração por mim. Aí fiquei triste porque temos transado sem que você sinta prazer."

Laura assentiu.

Brian continuou. "Aceito suas desculpas por se submeter. Vamos ver se só transamos quando nós dois quisermos."

Naquela noite, depois do jantar, beijaram-se na cama. Brian decidiu não fazer qualquer tentativa de manter relações com Laura, que adormeceu em seus braços. Ele ficou frustrado e permaneceu acordado por um bom tempo, mas sentiu-se tranqüilizado com Laura dormindo aconchegada junto dele.

Foram necessários alguns meses para que as tensões entre Laura e Brian se acalmassem. Contudo, pouco a pouco ele passou a aceitar os desejos da mulher e superou sua sensação de constrangimento e abandono. De sua parte, Laura esforçou-se para de vez em quando tomar a iniciativa na cama, sobretudo nos fins de semana, quando dispunha de mais energia.

Graças ao diálogo e a concessões mútuas eles deixaram de lado o padrão destrutivo do Salvador, que secretamente ameaçava a vida sexual de ambos e, em última análise, o casamento.

Superando uma Perseguição

O papel de Algoz é muito mais óbvio do que o de Salvador. Não é preciso explicar por que o pedido de desculpas para o Algoz é tão importante!

Certas pessoas costumam representar os Algozes, digamos assim, "encalhando" num papel de ira e censura. Nada funciona, tudo é culpa do outro e o sentimento de raiva de alguém ou algo é constante.

O Algoz é a imagem da Vítima para quem nada dá certo e tudo é culpa de outra pessoa.

Quando representamos o papel de Algoz, nós nos mostramos irritáveis e rabugentos. Podemos insultar, ridicularizar, desprezar, ignorar, interromper, vociferar, repreender ou estar sempre contradizendo alguém. Ou podemos mentir.

Todas essas atitudes constituem jogos de poder, e ser o Algoz implica fundamentalmente lançar mão do jogo de poder para dominar as pessoas. De maneira sutil, tanto o papel de Salvador como o de Vítima faz uso desse jogo, pois a finalidade em ambos os casos também é a manipulação do outro.

Em lugar de apegar-se intensamente a esse papel, as pessoas na maioria das vezes mudam de uma atitude normal e razoável para o papel de Algoz em uma ou duas interações. Então, sem se darem conta das conseqüências de seus atos, voltam ao normal como se nada tivesse acontecido.

Cada uma das agressões do Algoz, insignificante ou marcante, acrescenta e cria ressentimentos. Que acabam proliferando e se transformando em atitudes mais agressivas e em sentimentos ainda mais exaltados. A maioria das pessoas absorve esses incidentes na convicção de que eles estão sendo remediados, o que se verifica no entorpecimento emocional.

Contudo, se quisermos levar uma vida emocionalmente harmoniosa, teremos de corrigir todos esses danos, o que conseguimos reconhecendo nossos erros e pedindo desculpas.

O Algoz pode ser muito óbvio, muito sutil ou situar-se numa posição intermediária. A cura para o Algoz segue o mesmo padrão da cura para o Salvador. Vou dar um exemplo:

ESTUDO DE CASO

Desarrumado e Asseada

Beth foi morar há pouco tempo com Richard. Beth é organizada e asseada. Além disso, é muito cuidadosa com seus objetos. Na sua opinião, cada álbum de recordações, cada livro, suas roupas e até mesmo as revistas representam pequenos tesouros que ela foi acumulando e guardando, não obstante as inúmeras mudanças de um apartamento para outro.

Richard é um criador de caos contumaz e convive com uma pilha de papéis, caixas com novas aquisições e roupas espalhadas por todos os lados.

Sem querer, Richard costuma colocar suas coisas sobre as de Beth, que fica furiosa. Ela é muito detalhista e sempre sabe onde coloca seus objetos. Jamais atira seu casaco em cima dos sapatos de Richard ou amassa suas revistas novas. Além disso, ela está passando por um momento de grande tensão, em virtude de desavenças com o patrão e da preocupação com o irmão deprimido. A negligência de Richard a está deixando cada vez mais irritada.

Como não sabe ao certo de que maneira tocar no assunto, freqüentemente Beth lança mão de um tom de voz furioso quando se queixa: "Oh, querido... olha só o manual do automóvel todo cheio de graxa que encontrei em cima dos meus escarpins preferidos... seu danadinho."

Richard lança um olhar em direção a ela, vagamente consciente de que está sendo repreendido. Mas o problema continua. Até que finalmente Beth fica irada. "Que saco, Richard, por que você faz isso? Olha como os meus sapatos estão amassados! Estou há quase uma hora procurando o meu suéter, que você misturou com a sua roupa suja! Não toque nas minhas coisas!"

"Elas estão espalhadas pelo meu quarto", Richard revida.

"Seu quarto? Se eu não posso colocar minhas coisas na cadeira do NOSSO quarto, então estou arrependida de ter vindo morar com você. Talvez seja melhor eu ir embora para que você possa ter o SEU quarto de volta."

No seu íntimo Beth está cada vez mais inquieta com a postura agressiva que acabou assumindo. O que dera errado?

Do ponto de vista da educação emocional, eis o que deu errado:

Depois de conseguir a atenção de Richard, ela deveria ter falado dos próprios sentimentos com tranqüilidade, fazendo uso de uma afirmativa de ação/sentimento. Em vez disso, Beth começou reclamando timidamente, num tom de brincadeira um tanto crítico que só conseguiu deixar Richard confuso, sem captar a mensagem de Beth. Em resumo, o que ela fez foi concordar com o estilo desorganizado e indesejável de Richard, agindo como Salvadora. Suas queixas tornaram-se subitamente hostis no momento em que ela se cansou de ser ignorada.

Vejamos o que ela deve fazer:

Tomando consciência de seu erro, Beth pergunta a Richard quando ele terá tempo para conversarem. Ele sugere depois do almoço e, quando chega o momento, o diálogo deve acontecer da seguinte maneira:

"Richard, quero lhe pedir desculpas."

"De quê?"

"Você sabe como nós brigamos quando você trata as minhas coisas de uma maneira que não aprecio."

Richard arqueia as sobrancelhas e murmura "hum-hum", demonstrando estar perfeitamente ciente das "brigas", que a seu ver parecem tempestades num copo d'água.

"Bem, acho que venho te atormentando injustamente. Nunca sentei para pedir calmamente que agisse de outra maneira, e creio que não posso esperar que você se transforme da noite para o dia."

"Estou muito frustrada e preocupada com meu patrão e com meu irmão, e provavelmente estou descarregando uma parte da minha frustração em você. Peço desculpas por estar sendo tão agressiva e impaciente."

Diante dessa atitude, a reação de Richard poderia ser a seguinte: "Tudo bem, eu não tinha me dado conta de como você leva suas coisas a sério. Vou procurar melhorar. Desculpe por eu ter chamado nosso quarto de 'meu quarto'. Também acho que devo te ouvir com mais atenção."

Abandonando o Papel de Vítima

Por último, mas com certeza não menos importante nessa lista de atitudes corretivas, vem a cura do papel de Vítima.

Uma das maneiras de recuperarmos uma parte de nosso poder, quando nos sentimos completamente derrotados e impotentes, é fazer o papel de Vítima.

Um dos primeiros jogos que Eric Berne descobriu, e que ilustra muito bem esse princípio, é o "Por que você não? Sim, mas".

Nesse jogo, aquele que se encontra no papel de Vítima "fisga" uma ou mais pessoas, pedindo conselhos para um problema que ele considera irremediável. Por exemplo: Bruce detesta seu emprego e seu chefe, e tem certeza de que seus colegas de trabalho odeiam-no. O que ele deve fazer? Faz essa pergunta a vários amigos, que procuram ajudar:

T: "Por que você não deixa esse trabalho e encontra outro?"

B: "Sim, é uma boa idéia, mas os outros trabalhos não pagam tão bem quanto esse."

N: "Por que você não consegue um mediador do sindicato e tenta ajeitar as coisas com o seu patrão?"

B: "Sim, eu pensei nisso, mas o mediador do sindicato agora é uma mulher, e ela não entende desses problemas."

F: "Por que você não participa de um fim de semana de meditação e produz uma luz branca à sua volta para protegê-lo de todas essas vibrações negativas?"

B: "Sim, com certeza, mas você já viu quanto custam esses fins de semana?"

T: "Tem razão, você está num momento bem difícil. Se eu estivesse no seu lugar, ia querer me matar."

B: "Estou vendo que nada disso adianta. Acho que nenhum de vocês pode me ajudar. Sou eu que tenho de fazer alguma coisa, não é? Essa situação é irremediável."

A essa altura todos estão deprimidos. Bruce regozija-se com sua capacidade de deixar abatidos um punhado de companheiros de bar, e sua sombria visão de mundo fica comprovada.

No dia seguinte Bruce comprou o livro *Educação Emocional* e leu sobre o papel da Vítima. Deu-se conta de sua tendência para a depressão e a desesperança, e de que a melhor maneira de abandonar essa postura é pedindo desculpas.

No próximo encontro com os amigos, deixou todos surpresos ao dizer: "Ouçam, caras, quero pedir desculpas por uma coisa."

Todos permaneceram num silêncio estarrecido.

B: "Bem, quando começo a me queixar do meu trabalho e fico pedindo conselhos sem aceitá-los, acho que na verdade estou agindo como uma vítima impotente, devo parecer um pedinte. Sinto muito. Não vou mais fazer isso."

T: "O que é isso, uma reparação em 12 etapas ou o quê?"

B: "Algo desse tipo. Mas estou falando sério, e quero que vocês aceitem meu pedido de desculpas, tudo bem?"

DÉCIMA ETAPA

Aceitar ou Rejeitar um Pedido de Desculpas

Sem dúvida é preciso ter muita habilidade para pedir desculpas com sinceridade. Contudo, o que poucas pessoas parecem perceber é que aceitar ou rejeitar desculpas também exige perícia igualmente ampla.

Ed está falando demais durante uma reunião no trabalho e uma de suas colegas, Sue, ordena que ele cale a boca, quando na verdade uma reação bem menos agressiva teria sido mais adequada. Mais tarde Sue vai até a sala de Ed e pede desculpas. Entretanto, ele continua magoado por ter sido menosprezado na reunião. Por alguma razão, as desculpas não funcionam.

Como lidar com a explicação da colega de trabalho sem aceitá-la de pronto?

O erro mais comum quando se recebe um pedido de desculpas é perdoar com facilidade demais. Ed poderia reagir da seguinte maneira à justificativa de sua colega:

"Não tem problema, tudo bem."

Contudo, agindo assim, o mais provável é que ele esteja tentando evitar a humilhação de sentir-se tratado com condescendência. Ou talvez ele esteja tentando agir como Salvador, eximindo a colega de suas responsabilidades. É melhor não fazer isso.

Um pedido de desculpas não serve de muita coisa se for aceito sem reflexão. Se alguém se desculpa de maneira superficial, e você responde "Não tem problema", possivelmente continuará se sentindo tão mal quanto antes. Você aceitou essa justificativa apenas porque aprendeu que é isso que se espera socialmente de você. Mesmo que as desculpas sejam sinceras, poderão tornar-se inúteis se você as aceitar descuidadamente.

A reação emocionalmente apropriada é sempre refletir sobre o pedido de desculpas e decidir se quer aceitá-lo ou não.

Há duas razões perfeitamente válidas que justificam a ineficácia de um pedido de desculpas:

- Ele soa falso;
- Ele não especifica a agressão perpetrada.

Neste caso, Ed poderia dizer o seguinte: "Olha, Sue, obrigado por ter vindo me pedir desculpas, mas não me parece que você esteja sendo sincera. Você realmente lamenta o que disse? É bem verdade que eu estava falando demais na reunião. Mas é muito ruim ser tratado assim. Eu gostaria de acreditar que você de fato está arrependida de ter falado daquela maneira comigo."

Aqui Ed optou por agradecer, mas não aceitar as desculpas de sua colega.

Suponhamos que Sue tenha se dirigido à sala de Ed e tenha sido sincera: "Escuta, Ed, sinto muito pelo que aconteceu hoje à tarde."

Ed poderia aceitar isso, mas mesmo assim sentir-se constrangido. Ela está pedindo desculpas por quê?

Ele pergunta: "Do que você está falando? Está pedindo desculpas por quê?"

Sue poderia responder: "Ah, por ter me zangado com você e não ter oferecido café no intervalo."

É claro que isso não vai funcionar.

Ed deveria dizer algo do tipo:

"Sue, percebi o que houve no intervalo, mas o que realmente me magoou foi o modo como você me mandou calar a boca. Se quiser se desculpar, é desse pedido de desculpas que preciso."

Sue mostra-se surpresa. "Ah... bom, você tem razão, aquilo foi desnecessário. Acho que eu pensei que você não se incomodava com críticas... Sinto muito. Eu não devia ter falado daquele jeito com você."

Agora Ed pode relaxar, eis um pedido de desculpas que ele pode aceitar. Tudo que foi dito acima pretende demonstrar que uma pessoa pode necessitar de um pedido de desculpas mais amplo do que aquele que está sendo oferecido.

Recusando um Pedido de Desculpas

Mais alguns exemplos:

- Uma mulher fica arrasada quando seu noivo cancela o casamento um dia antes da cerimônia. Ela se sente destruída e humilhada. Dias depois, ele a procura para pedir desculpas, mas ela está furiosa e magoada demais para aceitar.

Somente depois de muitos meses e inúmeras e prolongadas discussões em torno da decisão de romper o compromisso é que finalmente ela consegue aceitar as desculpas.

- Vítima de uma longa série de gastos compulsivos feitos pela esposa, Peter é incapaz de perdoá-la. Ele necessita de um pedido de desculpas muito mais amplo pelos anos de preocupações financeiras que ela lhe causou, além de um certo número de evidências concretas da intenção de sua esposa de mudar seu modo de ser.

- André, amigo de Claude, desculpa-se por ter aceito um convite para jantar em nome dele sem consultá-lo. Claude começa a perceber que André vem ignorando sua aversão a incursões sociais com novas pessoas. Ele sempre acha que cada festa é uma exceção. Rejeita as desculpas porque André não parece se incomodar com o fato de colocá-lo sempre em situações embaraçosas.

Esses exemplos mostram que é um erro aceitar um pedido de desculpas se este não fizer com que você se sinta realmente melhor. Você deve explicar àquele que está se justificando por que não está se saindo bem. Assim ele poderá tentar desculpar-se de maneira a reconhecer a verdadeira natureza de seu erro.

Agredir o Lado Íntegro

Um outro equívoco é aquilo que chamo de Agredir o Lado Íntegro.

Vamos voltar ao exemplo de Ed e Sue.

Suponhamos que Sue peça desculpas sinceras a Ed por seu tom de voz desagradável quando lhe disse para calar a boca.

Ed poderia usar o pedido de desculpas de Sue como uma oportunidade para ferir seus sentimentos, para magoá-la como ela o magoou.

"Bom, já estava na hora de se justificar", ele poderia dizer. "Estou ofendido e zangado com você. Às vezes você age como uma vaca!"

Isto de nada serve para aquele que está tentando desenvolver sua Educação Emocional. Se Ed estiver irado, ele poderá fazer uso de uma afirmativa de ação/sentimento para lidar com sua reação: "Fiquei zangado quando você falou comigo daquele jeito. Também estou constrangido. Mas agradeço seu pedido de desculpas. Por favor, não faça mais isso."

Às vezes desculpas não funcionam, em geral porque a mágoa foi tão profunda que não é possível eliminá-la com uma simples justificativa. Talvez a vítima precise de uma explicação ou de alguma forma de reparação.

Por exemplo:

O homem que é prejudicado finaceiramente pela esposa tem necessidade de que ela explique que mudou e que arranjará um trabalho para tirá-los da insolvência.

Claude precisa que André admita ter aceito um convite em seu nome na esperança de quebrar a sua timidez. Promete parar de agir assim e consultar Claude em cada compromisso social que envolva ambos.

É importante ter em mente que a finalidade máxima de um pedido de desculpas é dar à Vítima a oportunidade de sanar a própria mágoa.

DÉCIMA PRIMEIRA ETAPA

Pedir Perdão

Um modo emocionalmente educado de pedir desculpas por uma atitude que magoou profundamente outra pessoa

Inúmeros erros emocionais repetem-se com freqüência. Em vista disto, faz parte da manutenção emocional identificá-los e corrigi-los sempre que necessário.

Contudo, vez por outra cometemos erros graves que podem causar danos a longo prazo. Neste caso, impõe-se fazer um pedido de desculpas mais amplo e até mesmo, se necessário, implorar perdão.

"Peço desculpas por (ação); agi mal e lamento ter magoado você. Você me perdoa?"

ESTUDO DE CASO

Implorando o Perdão

Um exemplo tocante de um pedido de perdão é a história de Rose e Edgar, ambos com 62 anos e prestes a comemorar seu aniversário de 40 anos de casamento quando decidiram participar de um de meus *workshops* de educação emocional.

Depois de debatermos o poder que tem um pedido de desculpas, Edgar levantou a mão e declarou que precisava fazer um certo trabalho emocional com Rose.

Ele explicou o porquê: 35 anos atrás, na noite do nascimento do filho do casal, ele havia mantido relações sexuais com outra mulher.

Tudo aconteceu depois que ele viu o bebê e visitou Rose no quarto do hospital. Ele foi embora tarde da noite, mas estava empolgado demais para ir direto para casa.

Decidiu então ir a um bar da vizinhança tomar um drinque. Ao sentar-se para desfrutar de seu uísque duplo, avistou uma moça do seu trabalho. Contou do nascimento de seu filho e ofereceu-lhe uma bebida. Um drinque levou a outro e, antes que ele se desse conta, foram parar no apartamento dela, onde transaram.

Na manhã seguinte Edgar foi embora tomado pela culpa. Estava se sentindo péssimo porque fora infiel à esposa e achava que devia ser honesto e contar a Rose o que tinha feito.

A notícia deixou Rose arrasada. Embora ele tivesse garantido que estava completamente bêbado e nunca mais queria ver aquela mulher, Rose ficou inconsolável e não o perdoou.

Ao longo dos 35 anos seguintes, praticamente em todas as discussões que tinham ela se referia àquele incidente. Sempre que Rose sentia que Edgar não estava lhe dando o valor ou a atenção que ela merecia, ela trazia o temível assunto à baila.

Essa atitude foi deixando os dois extenuados. Depois de tantos anos, o episódio ainda era um tormento constante em suas vidas, o qual eles já haviam desistido de eliminar.

Durante o *workshop,* Edgar percebeu que precisava fazer algo que nunca havia tentado antes: assumir toda a responsabilidade por sua infidelidade e implorar o perdão de Rose.

E assim fez, da maneira mais comovente. Diante de todo o grupo, Edgar ficou de joelhos e agarrou a mão de Rose. Com lágrimas nos olhos, pôs-se a falar.

"Rose", pediu, "posso dizer uma coisa a você?"

"Pode", ela concordou.

"Rose, sei que já pedi desculpas uma centena de vezes por causa disso, e já me queixei porque parece não ter adiantado nada."

Ela assentiu.

"Depois desse debate, percebi que, embora eu tenha pedido desculpas, elas não eram sinceras, e foi por isso que não funcionaram."

Novamente ela fez que sim com a cabeça.

"Eu sei a causa. É porque eu ainda não havia percebido o quanto magoei você. Eu não queria realmente aceitar que a tinha magoado tanto. Por isso eu pedia desculpas e nunca deixava de sentir a sua dor."

Ele enxugou os olhos e perguntou: "Posso te pedir desculpas agora?"

A essa altura não havia mais ninguém de olhos enxutos na sala, inclusive Rose. Mais uma vez ela assentiu, dessa vez calorosamente, pousando as mãos sobre as dele.

"Rose, depois de todos esses anos, percebo o quanto magoei você. Sinto muito por tudo que fiz, sinto tanto que demorei esse tempo todo para compreender a extensão da sua dor. Por favor, você me perdoa?" Rose concordou e eles se abraçaram, e foram rodeados pelos alunos do curso de Educação Emocional.

Um ano depois encontrei-me com Edgar por acaso. Perguntei-lhe como estavam as coisas e ele me contou que recentemente haviam feito uma festa de aniversário maravilhosa, com muitos amigos e a família.

"Aliás", ele acrescentou, "Rose nunca mais falou daquele incidente."

DÉCIMA SEGUNDA ETAPA

Aceitar ou Recusar o Perdão

Depois de ouvir um pedido de desculpas, esta etapa mostra como conceder, recusar ou adiar o perdão

Depois de ouvirmos um pedido de desculpas e um desabafo sincero, podemos:

- Conceder o perdão;

- Adiar a reparação adicional e iminente;
- Recusar o perdão.

Pressupõe-se que, se alguém oferece um pedido de desculpas sincero por um erro particularmente grave, a parte ofendida está pronta a perdoar, ou assim deveria ser. Contudo, o perdão é um dom enorme, que nem sempre pode ser concedido. O perdão depende inteiramente da abertura de nosso coração para um pedido de desculpas, e não é possível nem aconselhável obrigar o coração quando se trata de amor, ódio ou perdão.

Por conseguinte, nas relações emocionalmente educadas é tão importante conceder ou recusar o perdão quanto pedi-lo. Infelizmente, às vezes o perdão não é concedido em nenhuma circunstância.

Karla demorou cinco anos para recuperar-se de um divórcio profundamente sofrido e amargo, no qual Bill foi embora repentinamente com uma amante secreta de seis meses, para em seguida tentar, sem sucesso (porque Karla tinha um advogado muito bom), impedi-la de receber a parte que lhe cabia dos bens do casal. O sofrimento de Karla durou cinco anos inteiros, mas ela acabou conseguindo recuperar-se de seu infortúnio, conheceu outro homem, voltou a se casar e está feliz. No entanto, até hoje os olhos de Karla se enchem de lágrimas sempre que ela fala a respeito do passado. Logo após o divórcio, Bill separou-se da amante e voltou a procurar Karla, apenas para serem amigos. Mas ela não queria sequer dirigir a palavra a Bill; não obstante, com o passar dos anos, graças a amigos comuns que gostavam dos dois e pelo bem do filho adolescente, ocasionalmente ela passou a falar com o ex marido por telefone. Há muito ela havia concluído que o primeiro casamento fora um equívoco e que a melhor coisa que podia ter acontecido fora o divórcio. Entretanto, Karla não conseguia esquecer nem perdoar as mentiras que Bill pregara e as jogadas financeiras contra as quais tivera de lutar. Através dos amigos, ela fez com que Bill soubesse que, sem um pedido de desculpas, nenhuma forma de relacionamento seria possível.

Este, ansioso por restabelecer a amizade, escreveu-lhe um bilhete:

Querida Karla:
Quero pedir desculpas por toda a mágoa que lhe causei. Sinto muito.
Bill

Quando recebeu o bilhete, Karla ficou furiosa. Ele esperava que ela aceitasse aquela notinha escrita às pressas como um pedido de desculpas? Não se deu ao trabalho sequer de responder.

Bill acabou telefonando para ela e, depois de um preâmbulo educado, indagou: "Você recebeu meu bilhete?"

"Recebi."

"E aí?"

"E aí o quê?"

"Você me perdoa?"

"Por quê?"

"Como assim, por quê? Pensei que você queria um pedido de desculpas!"

"Ah, sim... bom, acho que eu não te perdôo."

"Por que não?"

"Você não pediu desculpas de verdade."

"E o meu bilhete?"

"Seu bilhete foi legal para começar. Você pediu desculpas por quê?" "Por magoar você."

"Eu preciso de um pedido de desculpas pelo que você fez."

"O que você quer dizer?"

"Você mentiu, foi cruel, tentou me enganar."

"Não sei do que você está falando. Isso é uma questão de ponto de vista..."

"Bom, então para que você está pedindo desculpas? Não basta dizer que você me magoou. Qual foi sua participação? Se você não pode reconhecer o que fez para me magoar, não estou nem um pouco interessada num pedido de desculpas."

A conversa terminou assim. Vários anos depois, Bill mais uma vez quis consertar as coisas. Escreveu outro bilhete.

Querida Karla:
Pensei naquilo que conversamos e concordo que menti para você, mas foi porque eu achava que você ficaria mais transtornada se soubesse a verdade, e financeiramente eu tinha medo que você me depenasse. Sinto muito se feri seus sentimentos, peço desculpas.

Novamente Karla não ficou satisfeita. As justificativas de Bill para as atitudes que agora ele reconhecia como suas desqualificavam tanto o pedido de desculpas que Karla não conseguiu abrir o coração, nem ver alguma razão para que Bill fosse de novo aceito em sua vida. Aparentemente ele não havia percebido o quanto a havia magoado.

Ela respondeu com outro bilhete:

Bill:

Recebi sua carta e vejo que você está tentando consertar as coisas. Entretanto, você está desperdiçando palavras ao pedir desculpas pelo que fez, em lugar de admitir que eu passei por uma experiência terrível e dolorosa. Ambos cometemos erros, pelos quais estamos pagando. Eu não fui perfeita. Mas se quiser que voltemos a ser amigos, terei de ser convencida de que você tem consciência do quanto me magoou, e de que o meu sofrimento foi causado pelas suas atitudes. Então você terá de sentir e demonstrar algum arrependimento, e talvez até sua culpa, para mim. Preciso perceber esse tipo de sentimento em você e, enquanto isso não acontecer, sinto e acredito que o melhor para mim é mantermos distância.

Karla.

Assim o assunto foi encerrado. Talvez Bill venha a compreender o que precisa fazer, ou conclua que não é capaz ou não quer, mas Karla está cuidando emocionalmente de si mesma ao recusar um perdão prematuro. Se ela se comovesse e tratasse Bill com clemência, sem desfrutar o prazer apaziguador de um pedido de desculpas sincero, ela nunca estaria realmente se abrindo para Bill, e a "amizade" entre ambos seria uma hipocrisia penosa. Todo o processo do pedido de desculpas e do perdão é extremamente importante numa existência emocionalmente educada, e vale a pena levá-lo a extremos por vezes torturantes.

À medida que as pessoas vão-se familiarizando com o uso dessas técnicas, elas deixam de lado o constrangimento inicial. E as técnicas tornam-se parte da manutenção de um cotidiano emocional, como recolher as folhas no quintal, levar o cachorro para passear ou passar fio dental.

Uma vez assimiladas, elas contribuem para uma vida emocionalmente ordenada, na qual as emoções são reconhecidas e têm sua importância como fonte de poder e bem-estar.

Contudo, as recompensas da Educação Emocional são muito maiores do que simplesmente uma morada emocional organizada. No momento em que nossas emoções tornam-se claras e são expressas em sua plenitude, e os sentimentos alheios passam a ser tão importantes quanto os nossos, a vida se torna profundamente estimulante e, às vezes, realmente prazerosa. É aí que as recompensas de uma vida emocionalmente educada se fazem sentir.

RESUMO DO CAPÍTULO SEIS

Assumir a Responsabilidade

Como você poderá perceber, o mais difícil na Educação Emocional é reconhecer os equívocos que você cometeu em seus relacionamentos, mas esta é uma etapa indispensável.

Em primeiro lugar, você deve admitir para si mesmo que cometeu um erro. Depois, terá de confessar seu erro ao outro. Aí você terá de sentir um arrependimento verdadeiro e transmitir isso à pessoa que magoou. Por fim, terá de oferecer alguma forma de reparação.

Cometemos erros emocionais quando incorremos num desses três papéis: Salvador, Algoz ou Vítima.

Como Salvador, você faz pelas pessoas coisas que não deseja e que elas deveriam fazer por si mesmas.

Como Algoz, você fica irado e, sentindo-se cheio de razão, critica outras pessoas, via de regra aquelas que você tentou Salvar.

Como Vítima, permite que um Salvador cuide de você ou que um Algoz o acuse, lamuriando-se o tempo todo porque não pode fazer nada para melhorar a situação.

Se você agiu como Salvador, Algoz ou Vítima, é preciso pedir desculpas às pessoas que magoou e dispor-se a agir como um adulto responsável daí por diante. Se você foi magoado, deve aprender a melhor maneira de conceder, adiar ou recusar o perdão.

7

Amor, Paternidade e Trabalho

A EDUCAÇÃO EMOCIONAL É VALIOSA em praticamente todos os aspectos do cotidiano. Colocando em prática as etapas da Educação Emocional sobre as quais acabou de ler, provavelmente a sua relação com a grande maioria das pessoas irá melhorar. O mais importante é a mudança na relação consigo mesmo, que resultará numa transformação em sua maneira de lidar com o outro. Você perceberá que essas técnicas não apenas dão sentido ao mundo que nos cerca, mas também ao nosso mundo interno.

Embora este livro apresente um programa abrangente para desenvolver a Educação Emocional em todas as áreas da sua vida, existem três situações que exigem uma atenção especial: as relações amorosas, a criação dos filhos e as relações no trabalho.

Começaremos pelos relacionamentos amorosos.

Educação Emocional nas Relações Amorosas

Alcançar e manter um bom relacionamento é tarefa das mais árduas. Diversas pessoas vêm descobrindo que, embora o velho sistema de dominação/submissão já esteja bastante obsoleto, continuam recorrendo a ele enquanto não tomam conhecimento e se esforçam para alcançar uma nova abordagem.

Atualmente, as pessoas têm afirmado, da boca para fora, a necessidade de uma relação de igual para igual. Na prática, porém, elas estão confusas e não sabem como fazer isso. Nas relações homem-mulher, os homens ainda mostram uma tendência ao domínio, e as mulheres têm dificuldade de se afirmar. Como diz um novo provérbio: "Homens são de Marte, mulheres são de Vênus."

Não é de admirar que mais e mais pessoas estejam simplesmente desistindo e preferindo viver sozinhas.

É claro que a solução não é essa, a menos que viver sozinho seja realmente o que você quer. A resposta está em buscar um relacionamento *e* a Educação Emocional ao mesmo tempo. Para isso, é preciso cumprir as regras de uma relação emocionalmente educada, que são:

- A convicção de que ambos os parceiros são iguais;
- O compromisso com a sinceridade;
- A decisão mútua de não praticar os jogos de poder.

Igualdade, Sinceridade e Entendimento. Recomendo àqueles que desejam alcançar uma relação emocionalmente educada o pronto estabelecimento de um contrato de cooperação com base na igualdade e na sinceridade. Uma relação cooperativa é aquela em que nenhum dos dois tenta manipular o outro com jogos de poder nem faz o que não quer. Ao contrário, os parceiros pedem com delicadeza tudo que desejam, até sentirem-se satisfeitos, embora ambos ouçam com empatia as necessidades do outro.

Naturalmente erros serão cometidos e desculpas e reparações serão necessárias. Essas regras básicas exigem a superação dos velhos padrões estabelecidos onde são comuns jogos de poder, salvação e mentiras. Tal mudança não é fácil e não acontecerá da noite para o dia, mas você verá que a energia e o otimismo produzidos durante esse processo serão revigorantes em qualquer relação, antiga ou nova.

Igualdade. A igualdade tem como base a idéia de que as duas pessoas devem ter direitos iguais e devem dar a mesma cota de contribuição para o sucesso do relacionamento. A idéia de que as pessoas têm direitos iguais não significa que elas não possam ser diferentes para que a relação funcione. Especialmente entre homem e mulher, que são diferentes em muitos aspectos, isso quer dizer simplesmente que as diferenças não conferem a alguém um privilégio sobre o outro.

Igualdade não significa que os parceiros têm de trabalhar e ganhar o mesmo ou que as despesas da casa sejam divididas meio a meio. Igualdade, numa relação emocionalmente educada, sugere que os dois lados contribuem com aquilo que têm a oferecer, de modo que ambos se sintam satisfeitos. Se houver alguma insatisfação, os parceiros devem ter a liberdade de expressá-la, na certeza de que o outro irá buscar uma conciliação justa.

Sinceridade. A sinceridade é o compromisso mais importante dentro de uma relação entre iguais.

Ninguém inicia um relacionamento sério esperando ouvir mentiras do outro. Na verdade, supõe-se que duas pessoas apaixonadas não devem mentir uma para a outra.

Muitos compromissos são selados em cerimônias, durante as quais são feitos os seguintes juramentos: "Na riqueza ou na pobreza, na saúde ou na doença, prometo honrar, amar e tratar com carinho..." Normalmente estes votos não incluem a promessa da sinceridade total. O que não é de admirar, pois naquela altura pelo menos um dos parceiros já pregou uma mentira, na maioria dos relacionamentos. Às vezes ambos os parceiros. Até mesmo na mais honesta das relações, o mais provável é que alguma coisa não tenha saído a contento e tenha sido varrida para debaixo do tapete. Quem sabe há muito ela venha ansiando por mais elogios à sua aparência, mas sinta-se demasiado constrangida para pedir. Ou talvez ele não tenha sido honesto, deixando de expressar sua insatisfação sexual.

Até mesmo a mais insignificante das mentiras ou segredos exerce um efeito nocivo, pois pode ser a semente de desonestidades maiores.

Se o seu relacionamento já é antigo, a situação se torna mais delicada. Ao tentar esclarecer as coisas, talvez haja alguns segredos obscuros capazes de deixar o outro transtornado. Quem sabe uma noitada ardente ou até mesmo um caso prolongado com uma terceira pessoa. Ou talvez um dos parceiros esteja gastando irresponsavelmente o dinheiro da conta conjunta sem contar nada ao outro. Alguma desdita de longa data ou insatisfação profunda com a aparência, a inteligência, o senso de humor ou o estilo sexual do outro pode estar em jogo. Se for este o caso, talvez seja uma boa idéia livrar-se de tais segredos com o auxílio de uma terceira pessoa: um amigo de confiança, um terapeuta ou um padre.

Essas mentiras por omissão, de modo geral envolvendo sexo, dinheiro ou aparência, não podem continuar a ser segredos numa relação emocionalmente educada. Devem ser compartilhadas. Se o parceiro tem um segredo e não o revela, e o outro descobre, afirmo com base na experiência que a mentira magoa mais o parceiro do que o erro. Desde quando o segredo vem sendo mantido, quantas pessoas têm conhecimento dele e todas as ramificações da mentira com freqüência são dados tão devastadores que podem prejudicar ou arruinar definitivamente a relação. É difícil perdoar um mau passo, mas é mais difícil ainda perdoar as mentiras que são criadas em torno do erro.

Até mesmo aqueles que afirmam não querer saber se o parceiro "pulou a cerca" provavelmente irão sentir-se profundamente humilhados e magoados quando descobrirem a verdade. Quando dizemos "prefiro não saber", não estamos prevendo como seria horrível descobrir um segredo desses por acaso. Por isso, a mentira é tão prejudicial e deve ser eliminada de qualquer relacionamento emocionalmente educado.

Pensando nisso, decidi propor alguns acordos capazes de criar uma relação emocionalmente educada:

• **Igualdade para os dois:** Lembre-se de que uma relação emocionalmente educada exige que ambos os parceiros atuem como iguais. Para isto, é preciso assegurar ao outro direitos iguais e pressupor responsabilidades iguais.

• **A cooperação é fundamental:** Estabeleça com seu parceiro uma relação livre de jogos de poder, especialmente de mentiras e Salvações. Deixe claro que você está buscando uma relação em que os dois possam pedir tudo que desejarem e não fazer o que não quiserem.

Comece falando de uma interação cooperativa desde já. Se pretende envolver-se num novo relacionamento, comece a falar desse conceito logo que sentir que a relação tem potencial.

Isso é especialmente importante se você estiver apaixonado, quando tudo parece cor-de-rosa. Ser sincero proporcionará clareza e realidade a essa relação que está nascendo.

Fran e John estão apaixonados. Estão deitados na grama ao sol de primavera em seu dia de folga. Ambos querem se casar. Ela já teve um casamento malogrado anteriormente, e dessa vez quer se sair melhor.

F: "John, posso tocar num assunto sobre o qual gostaria de conversar antes de nos casarmos?"

J: "Claro, o que é?"

F: "Li um livro que fala a respeito de como deve ser uma relação emocionalmente educada."

J: "Que tipo de relação?"

F: "É uma relação de envolvimento emocional e consciência. Uma relação de cooperação em que as duas pessoas chegam a um acordo antecipadamente sobre certas coisas."

J: "Que coisas?"

F: "Bom, esse livro fala de uma relação sincera entre iguais, e adorei o que ele disse; a idéia é que a gente combine de sempre falar o que quiser e nunca se deixar pressionar a fazer o que não quiser."

J: "Gostei. Mas acho que a gente já faz isso. Você não concorda?"

F: "Acho que é isso que ambos queremos, mas às vezes, pra falar a verdade, acho que não fazemos."

J: "Quando?"

F: "Acho que nós dois mentimos sobre o que queremos com o outro às vezes. Hoje de manhã, por exemplo, quando fomos ao Blue Barn tomar café da manhã, na verdade eu queria ir ao Brick Shack, mas menti porque queria te agradar."

J: "Mentiu? Isso não é ser generosa?"

F: "Em *Educação Emocional*, isso se chama Salvar, e não é bom porque, depois de algum tempo Salvando, a pessoa fica furiosa. Em geral sou eu que concordo com você."

J: "Eu te conheço e amo esse seu jeito; você me mima. Quer dizer que mais tarde você vai ficar furiosa comigo?"

F: "Pode ser, não sei ao certo. Quem sabe você esteja cedendo em outras coisas sem que eu saiba?"

J: "Bom, algumas vezes, mas eu não me importo..."

F: "Bem, acho que o Dr. Steiner tem razão; seria melhor se fôssemos completamente sinceros nesse tipo de coisa. Em que você cede?"

J: "Por que você quer que eu procure algo para me queixar? Eu te amo!"

F: "Só quero que a gente tenha uma relação sincera e cooperativa."

J: "Vamos tentar." Ele pensa por um instante. "Tudo bem. A verdade é que eu preferiria não encontrar todas as suas amigas e sair com elas como fazemos..."

F: "Realmente."

J: "É que não tenho muita vontade, não estou muito interessado. Quer dizer, posso me encontrar com elas, mas não quero ter obrigação. Sabe, não tenho tempo para conhecer cada uma de suas amigas. Além disso... desculpe, estou sendo muito duro com você?"

F: "Um pouco, mas tudo bem, vá em frente. Obrigada por perguntar."

J: "OK, se você tem certeza". Ele prossegue com uma expressão preocupada. "Fico muito contente de ter sido apresentado a seus pais. Mas eu não sou muito chegado à família, como na festa de Ação de Graças da sua tia. Foi um pouco demais para mim conhecer todas aquelas pessoas que não parecem tão importantes para nós."

F: "Tudo bem". Ela responde baixinho. "Fico desapontada e constrangida só de pensar que eu te apresentei a todo mundo com tanto entusiasmo e você estava com vontade de sair dali."

J: "Não foi tão ruim assim. Só que eu teria preferido outra coisa."

F: "Bem, eu realmente gosto de ficar bastante com a minha família, desde que sou criança. Mas se você não quiser ir, eu vou sozinha."

Segue-se um silêncio pensativo. John volta a falar: "Sabe de uma coisa, por que você não me diz quais são as ocasiões realmente importantes pra você? Eu acompanharei você nelas. Talvez você possa ir mais cedo e eu te encontro um pouco mais tarde, assim não terei de ficar tanto tempo."

F: "Isso parece uma boa idéia."

Ele a abraça apertado. Ambos têm o que pensar, mas Fran está orgulhosa de si mesma por iniciar um diálogo emocionalmente educado, e John ficou aliviado por conseguir escapar de algumas obrigações sociais indesejáveis.

Talvez você esteja pensando por que dois jovens namorados felizes deveriam começar a discutir as pequenas insatisfações que no momento parecem totalmente sem importância, comparadas ao amor maravilhoso que sentem. Mas são essas coisas que, quando o brilho róseo do novo amor começa a fenecer e a realidade retorna, fazem com freqüência com que os casais que outrora haviam acreditado que nada poderia interpor-se entre eles acabem se distanciando.

Fran havia aprendido isso da maneira mais árdua em seu primeiro casamento. Ela está certa em tomar a iniciativa e iniciar um diálogo sobre as regras básicas para estabelecer um patamar de honestidade e consciência, que mais tarde será fundamental para evitar outro desastre emocional.

• **Sinceridade é a melhor política:** Seu parceiro o conhece suficientemente para fazer uma imagem real de quem você é? Se a resposta é não, tenha coragem e mostre-se. A sinceridade assusta, mas vale a pena quando ela proporciona um relacionamento mais forte e profundo.

Se você está omitindo alguma informação, conte-a a seu parceiro o mais rápido possível. De modo geral, esperar por uma ocasião melhor para falar não dá certo porque essa ocasião melhor raramente aparece. Em vez de esperar, fale agora.

Entenda que ser sincero implica dizer o que quer, revelar como você se sente e pedir desculpas quando você não pode esquecer o erro de um parceiro.

Sloan e Carol estão casados há alguns anos. Têm uma boa relação que remonta aos tempos da escola secundária, quando foram eleitos o casal mais simpático do ano. Num arroubo de romantismo, Carol diz a Sloan como é bom saber que nunca tiveram relações sexuais com outras pessoas.

Sloan engole em seco. A verdade é que três anos atrás, durante uma separação de seis meses em que reavaliaram o relacionamento, ele tivera uma noitada com uma conhecida de Carol. Não contou nada à esposa, dizendo a si mesmo que aquilo não fazia parte do acordo. Agora, entretanto, sente que deve falar:

"Carol, o que você pensa da idéia de que, se queremos ter uma relação duradoura, não deve haver segredos nem mentiras entre nós?"

Carol leva um susto. "Por quê, você tem mentido pra mim?!"

Sloan a encara. "Não, Carol, acho que não, e não quero começar agora. Vamos sentar. Tem uma coisa que só agora eu percebo que preciso te dizer. Posso contar o que é?"

"Diga o que é, pelo amor de Deus!"

Sloan conduz Carol até o sofá. Olhos nos olhos, ele pergunta: "Você se lembra de quando nos separamos na faculdade?"

"Lembro", ela responde, começando a perceber o que ele estava prestes a dizer.

"Bem, nunca deixei de pensar em você, durante aqueles meses, mas também achava que você poderia concluir que não me queria mais. Eu tentava me acostumar à idéia do que quer que pudesse acontecer, e estava muito deprimido. Uma noite saí com Suzie Green."

"Minha velha amiga Susan?", exclamou com voz estridente. Ela sempre se sentira um pouco insegura ao lado da bela e popular Susan.

"É, achei que devia lhe falar desse encontro."

"Oh, meu Deus, Sloan!"

"Sinto muito. Não pensei que teria de contar. Mas depois do que você disse sobre nunca ter tido outros amantes, percebi que precisava falar. Afinal, quero que você saiba tudo de mim". Ao ver a expressão no rosto da esposa, ele fica assustado. Decidido a ir até o fim, ele pergunta: "Posso continuar?"

"Vá em frente, conte tudo", ela fala por entre as lágrimas.

"Passei a noite com Suzie". Ela chora mais alto. "Não foi nada de mais, mas aconteceu."

Carol soergue os olhos úmidos de lágrimas para o marido e encosta a cabeça em seu ombro. Ele tenta tomá-la nos braços, mas ela não permite.

"Por que você não me contou antes?", ela indaga, suplicante.

"Embora tivéssemos combinado que poderíamos sair com outras pessoas, eu sabia que isso iria te incomodar. Sei que me incomodaria. Senti-me culpado e disse a mim mesmo que provavelmente ambos havíamos dormido com outras pessoas durante aquele período, e aí senti que eu não queria saber de seus outros amantes. Achei que você ia pensar o mesmo.

"Fico feliz em saber que sou o único homem de sua vida. Você é a única mulher que amei, é verdade, Carol. Quando você disse antes que nenhum de nós dois tinha ficado com outra pessoa, eu me senti muito mal. Não queria mentir para você, que é tão carinhosa comigo. Não queria confundi-la e decidi que você merece toda a verdade. Agora que sabe, não tenho que me preocupar em esconder nada."

Carol ficou muito aborrecida. Explicou que o fato em si não a incomodava tanto quanto a idéia de que ele havia guardado um segredo por tanto tempo. Sentia-se uma idiota ao pensar que fizera uma falsa imagem de seu marido, a pessoa com quem mais tinha intimidade. O que mais magoava Carol não era a noitada de Sloan, mas a perda da confiança.

Naquela noite, abraçaram-se com mais força que nunca. Foi uma noite inesquecível, e Carol demorou muito tempo para superar sua mágoa. Mais tarde, ela até se sentiu lisonjeada porque Sloan a preferira no lugar de Suzie, que era uma unanimidade. Entendeu por que ele não havia contado nada e decidiu que, embora a princípio fosse difícil aceitar, ela poderia conviver com essa nova informação. No futuro, se por acaso pensasse que Sloan poderia estar lhe escondendo algo, Carol seria tranqüilizada pela idéia de que se ele fora capaz de contar sobre aquela noite, provavelmente nunca pregaria uma outra mentira. Adquiriu uma profunda segurança em relação a ele.

Há quem defenda veementemente que este tipo de sinceridade é desnecessário, ou pior, que é um ato irresponsável de crueldade e sadismo. Poderá argumentar que uma pessoa na posição de Sloan, depois de cometer um erro terrível, deve carregar o fardo do remorso legítimo e ocultar a informação dolorosa da esposa.

Estes argumentos ignoram alguns fatos importantes. Não levam em conta o efeito prejudicial até mesmo da menor mentira; como ela pode proliferar-se em mentiras maiores e como guardar segredos solapa o processo empático e intuitivo do casal. E, mais importante, desconsideram o sofrimento muito maior que as pessoas sentem quando descobrem que foram sistematicamente enganadas por um longo tempo. Imaginem como Carol iria se sentir, passados cinco ou seis anos, se por acaso encontrasse Susan Green socialmente e descobrisse, graças a uma observação casual do marido de Susan, que esta e Sloan haviam sido amantes.

• **A manutenção é necessária**: O termômetro de uma relação é o diálogo que ela possibilita. Dedique algum tempo à manutenção emocional. Diga ao outro quais são suas desconfianças, palpites ou fantasias paranóides. Ouça com atenção. Aproveite as oportunidades de pedir desculpas pelas mágoas causadas. E, acima de tudo, encontre tempo para dar carinho ao outro.

Não trate de questões emocionais durante os comerciais da televisão ou quando estiver cansado demais para conversar. Escolha um momento especial para o diálogo. Costumo recomendar a conversa sobre assuntos emocionais durante uma caminhada. Uma outra possibilidade é marcar datas regulares para debater os tópicos de cunho emocional.

• **Rever, rever, rever...**: Reveja seus acordos periodicamente. Nesta era de transformações rápidas, as combinações que faziam sentido há seis meses podem ter-se tornado obsoletas.

Procure debater com freqüência tópicos como dinheiro e tempo, sobretudo onde e como ambos devem ser gastos.

O fato de que durante um certo período de tempo você agiu de determinada maneira não quer dizer que sua atitude esteja sendo satisfatória para seu parceiro. Especialmente quando o assunto é sexo, que pode se tornar rotineiro e aceitável para um e não para o outro.

• **Seja flexível:** Esteja disposto a mudar seus acordos, ainda que eles tenham sido amplamente negociados. Aceite a mudança e os novos pontos de vista. Afinal de contas, a finalidade visada é a atuação conjunta e cooperativa, produzindo sentimentos de afeição e esperança, em lugar de desespero e ressentimento.

Bill e Hillary são pessoas muito ocupadas. Não têm filhos e trabalham demais. Quando finalmente conseguem reunir-se à noite, jantam e mal têm forças para algumas tarefas e um pouco de TV na cama. Ficam vendo TV aconchegados e, em geral, caem no sono antes mesmo do televisor desligar automaticamente. Sem que houvesse qualquer combinação, parecem ter concordado em evitar questões emocionais espinhosas. Hillary vem sentindo falta de mais tempo para assuntos íntimos, de uma elaboração dos problemas, que têm sido varridos para debaixo do tapete.

Uma manhã já estavam prontos para ir para o trabalho, quando Hillary sugeriu que tirassem a manhã de sábado para uma caminhada e uma conversa sobre alguns assuntos. A princípio Bill torceu o nariz, pois tinha um jogo de golfe, mas Hillary insistiu e ele acabou concordando.

No sábado, mal iniciaram a caminhada, Hillary disparou: "Estou sentindo que estamos nos afastando. Embora pareçamos bem e amorosos, acho que há muitas coisas entre nós que, ao menos para mim, fazem mal."

"Bom, eu estou me sentindo bem", diz Bill. "Você está insatisfeita com alguma coisa?"

"Veja, talvez este seja o problema. Você não parece se dar conta de que temos pequenas discordâncias que, em geral, acabam fazendo com que um de nós, quase sempre eu, ceda para evitar problemas. Fico pensando que estou muito cansada ou que amanhã falaremos nesse assunto ou que talvez eu esteja sendo mesquinha, mas a verdade é que estou começando a me sentir mal..."

Bill interrompeu-a: "Percebo que temos estes probleminhas, mas achei que estavam sob controle. Eu estou bem."

"Talvez seja este o primeiro problema, porque *eu* não estou me sentindo tão bem. Quando você diz que acha que esses problemas estão sendo solucionados... Posso dizer como me sinto?" Bill faz que sim.

"Na verdade, eu fico furiosa."

Bill volta a assentir, mas está abalado.

Hillary prossegue. "Posso dizer o que eu acho? Desconfio que, quando discordamos, você não percebe que na maioria das vezes eu concordo com você só para ficar tudo bem."

Bill pensa um pouco e diz: "Acho que provavelmente você tem razão, mas não sei se é tão grave assim. Só sei que sempre considerei como certa a sua índole complacente. Já conversamos sobre isso antes, e eu sinto muito."

Por uma hora Hillary recordou uma série de incidentes onde, de alguma maneira, as coisas tinham sido como Bill queria. Sem dúvida, algumas das situações não tinham a menor importância, como por exemplo o fato de que, numa rua muito movimentada, Bill sempre anda na frente, ou de que quase sempre é ele quem dirige quando estão juntos, ou de que ele nunca sugere o restaurante quando saem, ou de que freqüentemente ele se mostra distraído enquanto conversam. Tudo isso foi formando uma raiva crescente em Hillary. Ele argumenta que, por ela concordar, ele não se dava conta de que ela ficava contrariada. Ela concorda, mas diz que via de regra está esgotada demais para discutir essas coisas, e preferiria que ele fosse mais atento a essas tensões sutis entre eles.

Depois de alguma conversa, parece que o problema mais sério é que não tinham tempo suficiente, ao menos para Hillary. Bill parecia satisfeito em sentar-se e assistir TV, dormir com a esposa, fazer amor pela manhã ou nos fins de semana, jantar fora algumas vezes, e de fato por algum tempo Hillary também se satisfez assim.

Entretanto, ela estava começando a ficar insatisfeita com o sexo cada vez mais mecânico que praticavam. Embora houvessem combinado que o sexo pela manhã seria a melhor hora para eles, ela não estava apreciando aquela regularidade de um relógio.

"Não quero mais transar de manhã", deixou escapar.

"Bom, então, quando vai ser? Você mesma disse que à noite fica cansada, ambos somos diurnos..."

"Bem, acho que quero algum tempo para nós à noite, uma noite inteira livre depois do jantar, sair para tomar um drinque, conversar, acompanhar as mudanças na vida do outro."

Esta proposta assustou Bill. Estava satisfeito com o seu modo de vida, e temia que isso tudo fosse tirar um tempo precioso de suas vidas tão cronometradas. Ele hesitou e Hillary irritou-se. Os ânimos exaltaram-se e, quando já iam mudar de assunto, Hillary disse: "Está vendo, é sempre assim. Não entramos em contato com nossas discordâncias e, se eu deixar passar, voltamos ao ponto em que estávamos. Por favor, vamos continuar."

Conversaram por mais uma hora e tomaram algumas decisões novas. Bill percebeu que não estava considerando sua esposa uma prioridade. Dispôs-se a experimentar a proposta inquietante de Hillary. Concordaram também em fazer uma dessas "caminhadas para lavar roupa suja" uma vez por mês.

No final, as coisas não saíram exatamente como planejado. Bill manteve determinadas rotinas com Hillary, mas passaram a tirar uma noite por semana, sem televisão, apenas para eles e para fazer amor. Às vezes suas caminhadas aconteciam apenas de três em três meses. Mas, de uma maneira geral, a discussão tivera um efeito benéfico. Repassaram suas combinações com flexibilidade e definiram um caminho para que o relacionamento mantivesse sua Educação Emocional.

Educação Emocional na Infância

É mais fácil desenvolver a educação emocional na infância, quando as informações são apreendidas através do exemplo.

Adquirir aptidões quando se é jovem, enquanto aquela janela de oportunidade está aberta, é muito diferente de aprendê-las depois que a janela se fecha. Por exemplo, é fácil aprender a ler na juventude. No entanto, um adulto analfabeto poderá passar por maus pedaços se quiser aprender a ler. O mesmo acontece com outras aptidões, tais como a prática de esportes, o aprendizado de idiomas, da música e, também, da Educação Emocional.

Durante esse período crítico de aprendizagem as crianças estabelecem suas diferentes atitudes. Elas começam a visualizar-se como boas ou más, talentosas ou desajeitadas, felizes ou infelizes. Podem inclusive considerar a si mesmas um personagem ilusório. Por exemplo, algumas crianças identificam-se com a Branca de Neve ou com um dos Sete Anões. Outras irão perceber-se como o Super-homem ou Lois Lane, ou até mesmo como Jesus Cristo ou o Diabo.

Elas também irão adotar os hábitos emocionais condizentes com a percepção que têm de si mesmas: serão rabugentas, cativantes, imperturbáveis, impacientes, manhosas, santinhas, malvadas. E uma vez que comecem a agir de uma determinada maneira, as crianças serão vistas assim pelos outros, serão "rotuladas" como boas ou más, felizes ou infelizes.

Na maioria dos casos, esses padrões emocionais são transmitidos pelos pais e pessoas da convivência da criança. Uma vez adotados, esses hábitos tornam-se padrões ou *scripts* de como a vida é e será. Esses *scripts* podem perdurar ao longo de toda uma vida, a menos que algo seja feito para modificá-los.

- A criança que está sempre triste e apreensiva poderá tornar-se um adulto deprimido e suicida.
- A criança que aprende a conter as lágrimas poderá tornar-se insensível.
- A criança incapaz de controlar seus acessos de cólera poderá tornar-se propensa aos vícios quando adulta.

A Maneira Certa e a Maneira Errada. Vamos analisar uma "minitragédia" familiar típica, à guisa de exemplo de como os padrões emocionais são definidos pelos pais, bem como as duas maneiras de lidar com ela. Primeiro, veremos a maneira *desprovida de educação emocional* de lidar com essa crise:

Matthew, de cinco anos, caiu da cadeira quando tentava surrupiar biscoitos. Ele começa a chorar a plenos pulmões. Seu joelho está doendo depois da pancada que deu no chão, e ele está se sentindo humilhado porque foi pego atacando o pote de biscoitos. Seus sentimentos são a mágoa, a culpa e o medo ao mesmo tempo.

Seu pai chega à cozinha e percebe o que o filho estava fazendo. Fica irritado.

"O que houve? Você se machucou?", o pai pergunta, aborrecido. "Pare de chorar!"

Como Matthew interpretará isto? Deve parar de sentir dor? E seu medo e culpa? Deve continuar sentindo isso mas sem chorar? Confuso, ele grita mais alto.

Se o pai fosse emocionalmente educado, ele deixaria o filho em paz por algum tempo. Mas ele encara aquele momento como uma oportunidade de ensinar a Matthew uma lição sobre a vida.

"Vamos, Matthew, chega de bancar o bebê chorão", ordena. "Você está pior do que sua irmã."

Agora Matthew começa a perceber que chorar é ruim, que por alguma razão ele está "pior do que sua irmã". Talvez assimile a idéia de que as meninas podem chorar, mas os meninos não, conceito este que o deixa aturdido. Ele tenta engolir o choro, mas não consegue. Está profundamente assustado com a desaprovação do pai.

Suponhamos que o pai fique ainda mais aborrecido e resolva dar continuidade à lição.

"Matthew, agora chega! Não entra nessa", ele declara. "Você está parecendo um maricas. Afinal de contas, o que é que você estava fazendo na mesa da cozinha?"

Matthew ouvira outros colegas falarem, no pátio do colégio, de maricas e de garotos que se comportam como meninas. Sente-se muito culpado por ter sido apanhado agindo como um garoto mau. Então decide parar de chorar. Pressiona os dentes e silencia.

"Isso é que é um bom garoto", diz o pai.

Muitos pais acham que meninos que choram não são propriamente masculinos. Garotos que aprendem a conter o pranto tornam-se homens adultos que têm vergonha de chorar. Quando esse homem se sente triste o bastante para chorar, ele ocultará o fato com alguma mentira.

Até que, finalmente, ele se tornará a tal ponto inconsciente de sua própria tristeza que passará a negá-la até para si mesmo. E também rejeitará outras expressões de vulnerabilidade, como a vergonha ou a saudade. A essa altura ele só reconhecerá as emoções mais violentas, como a raiva furiosa ou o amor arrebatado.

As meninas recebem outra formação. Quando choram, essa manifestação é considerada meiga e comovente. Dificilmente as garotas são estimuladas a pensar que chorar não é uma atitude feminina ou digna.

Eis uma razão fundamental para as mulheres em geral serem mais emotivas do que os homens.

Um Enfoque Mais Apropriado. Vejamos agora qual seria uma reação mais educada, do ponto de vista emocional, ao incidente com os biscoitos. Depois que Matthew cai da cadeira e bate com o joelho, o pai poderia ajudá-lo a se levantar e dizer:

"Que tombo, cara. Você se machucou?"

Em vez de responder, Matthew solta um grito alto. Está amargando a dor física da queda e a culpa de ter sido apanhado roubando um biscoito.

"Parece que você está furioso comigo", observa o pai, enxugando as lágrimas do filho.

"Estou", diz Matthew.

"Por quê? Eu quero ajudar você", diz o pai. "Posso dar um beijinho no seu dodói?"

O pai embala o filho até que ele comece a ficar mais tranqüilo.

"Você queria pegar uns biscoitos?"

Matthew recomeça a chorar.

"Está se sentindo culpado? Está com medo que eu fique zangado?"

Matthew não responde, mas vai-se acalmando.

"Bom, você sabe que eu não gosto que você coma doces demais entre as refeições, mas fiquei preocupado porque você se machucou", explica o pai. "Da próxima vez não tente pegar os biscoitos sozinho, está bem?"

Em vez de tentar impedi-lo de chorar, ele ajudou Matthew a entender o porquê da sua inquietação. Demonstrou empatia, e ao mesmo tempo deu ao filho carinho físico, na forma de abraços e beijos.

Quando Matthew estiver mais calmo, o pai terá uma conversa com ele sobre o incidente, o que ambos sentiram e como evitar tais melodramas no futuro.

Ao longo de seu crescimento, Matthew aprenderá que seus sentimentos são valiosos e podem ser expressos com segurança.

Dicas para Desenvolver o QE nas Crianças. As crianças iniciam o aprendizado da Educação Emocional a partir do seu próprio exemplo. Posteriormente, você poderá conversar com elas a respeito de seus sentimentos, em geral tão logo consigam formar uma frase. Por volta de dois ou três anos, a garotada entra em contato com o sentimento de culpa e torna-se capaz de empatizar com o outro, portanto, já pode pedir desculpas pela mágoa que porventura tenha causado.

As mesmas regras de cooperação que se aplicam às relações adultas devem ser usadas nas interações criança-adulto. Igualdade, sinceridade e evitar jogos de poder não são menos importantes para as crianças, embora talvez seja preciso introduzi-las apropriadamente à situação. Via de regra isto significa dar à criança o máximo de poder e estar o mais aberto possível, evitando qualquer forma de mentira.

Eis alguns tópicos importantes para o ensino da Educação Emocional ao seu filho:

• **Manter o Coração Aberto:** Beije e abrace bastante seus filhos e diga-lhes como você os ama. Assim como nós, eles gostam e anseiam por demonstrações de afeto. Se mostrar amor por meio de carinhos físicos enquanto seus filhos forem pequenos, eles se tornarão adultos generosos.

• **Não Faça Jogos de Poder Com Seus Filhos:** Nunca bata nos seus filhos. Se você faz uso de jogos de poder para conseguir o que quer de uma criança, ela aprenderá a ser motivada pelo medo e o controle. Se incorrer nesses jogos (como todos nós fazemos uma vez ou outra), peça desculpas a seu filho e explique como você se sentiu. Prometa não repetir essa atitude. Depois, junto com seu filho e talvez com o resto da família, encontre uma maneira melhor para fazer com que ele o obedeça.

Sarah, de três anos, gosta de mexer nos botões e mudar o painel de aparelhos, sempre que pode. Várias vezes ela já desligou máquinas de fax, reajustou a programação do som e TVs, repetiu telefonemas e ultimamente anda querendo acender o fogão a gás. Sua mãe, Jane, tem muito medo de um vazamento de gás e disse a Sarah "Não!" inúmeras vezes, mas ela é muito endiabrada e cabeça dura. Certa vez, Jane surpreendeu-a virando o botão do gás e perdeu o controle. Gritando com Sarah, deu-lhe uma forte palmada nas nádegas. A menina ficou petrificada e gritou e chorou em altos brados durante algum tempo. Depois que ela se acalmou, seguiu-se a seguinte conversa:

"Sarah, você ainda está chateada?"

Sarah faz que sim com a cabeça.

"Bom, eu fiquei muito zangada e não queria ter batido em você. Você não pode brincar com o fogão."

"Posso sim."

"Não pode não. O fogão é quente e vai queimar você. Se fizer isso de novo, vai ficar de castigo."

"Não, mamãe."

"Bom, se você prometer que vai parar de mexer nos botões, eu prometo não te assustar mais. Você promete?" Sarah assente imperceptivelmente.

"Isto é um sim?" Sarah balança a cabeça novamente.

"OK, se você promete, não vou mais gritar com você, nem vou pô-la de castigo. Sinto muito ter assustado você."

Sarah recomeça a chorar e abraça a mãe, que retribui o abraço. "Tudo bem, querida, eu te amo, você é uma boa menina."

Mostre-se sensível aos desejos da criança, por mais bobos que pareçam. Ouça-os com empatia. Procure ser compreensivo quando elas não quiserem fazer alguma coisa que as assuste, constranja ou ofenda sua noção de estética ou suas preferências. Seja flexível quando exigir algo.

• **Seja Sincero:** A sinceridade com seu filho é fundamental, perdendo apenas para o item não desrespeitá-lo com jogos de poder. Explique como você se sente e o que quer dele. Nunca lhe pregue uma mentira deslavada e evite ao máximo mentiras por omissão, procurando o quanto antes situar o relacionamento pai-filho num patamar de verdade. Se quer que ele seja sincero, em primeiro lugar você deve ser sincero com ele. Afinal de contas, a criança sente quando não lhe contam algo, e ela aprenderá a ter segredos com você.

Se você foi honesto com seus filhos, deve supor que eles serão sinceros com você. Entretanto, a mentira é tão corriqueira que você deverá buscá-la nos filhos com a mesma vigilância com que busca o uso de drogas. Cedo ou tarde, seu filho pregará uma grande mentira e creio que esta será uma oportunidade fundamental de praticar aquilo que você aprendeu aqui.

Sally acaba de voltar da escola e vai para seu quarto. Tem ficado ali mais tempo do que o normal. Você vai verificar e a encontra lendo no quarto.

"Oi, Sally, já voltou da escola?" Ela ergue os olhos e parece cobrir o que está lendo com um livro.

"O que você está lendo?"

"Nada."

"Parece uma revista."

"Eu disse que não é nada."

A essa altura você pode perceber que tem alguma coisa suspeita. Lembra a si mesmo que deve permanecer calmo, em seu papel de Adulto.

"É uma revista, não é?"

"É, mãe", ela responde rabugenta.

"De quem é?"

"É da Kathy, ela me emprestou". Agora ela está com um ar assustado. Nesse meio tempo, você já chegou perto dela e pegou a revista.

"Ela me parece novinha. Onde você conseguiu?"

"Eu já disse!" Você se senta ao lado dela, observa-a desviar o olhar, e com toda gentileza possível, falando do fundo do coração, você diz:

"Sally, você está me dizendo a verdade? Por favor, não minta para mim. Você sabe o que eu penso da mentira. Onde quer que você tenha coseguido isso, pra mim o mais importante é a verdade. Simplesmente me diga e vamos resolver isso juntas."

"Eu comprei."

"Ai, que bom, fiquei com medo que você tivesse roubado. Sei de alguns garotos que acham legal roubar."

"Mãe, eu não faria isso. Você sabe!"

"Ótimo. Então onde você conseguiu dinheiro para comprar? Diga a verdade."

Sally fica visivelmente perturbada, baixa os olhos, faz silêncio. Você espera. Passados alguns minutos, ela diz:

"Tirei o dinheiro de sua carteira."

"Sally, você fez isso?"

"Sim."

Novo silêncio. Você procura entender seus sentimentos. Está assustada com a atitude de Sally e triste porque ela mentiu para você. Está zangada porque, ultimamente, ela tem-se mostrado rebelde. Sente vontade de dizer-lhe que tirar dinheiro de você é tão mau quanto roubar numa loja. É hora de uma afirmativa de ação/sentimento.

"Sally, posso lhe dizer como estou me sentindo?"

Sally faz que sim.

Mantendo um tom amoroso, você diz: "Quando você tira dinheiro da minha carteira para comprar uma revista, e depois tenta mentir pra mim, isso me deixa assustada, muito triste e também zangada. Você pode entender isso?"

Ela ouve e concorda. Agora você tem a oportunidade de descobrir por que ela considerou necessário roubar para comprar uma revista ordinária. Ela lhe diz que você não iria comprá-la para ela, nem deixaria que ela usasse a mesada. Ela lhe diz que a revista tem histórias interessantes. Você pega uma delas e dá uma olhada. Lixo puro.

"Bom, Sally, definitivamente não gosto desta revista, mas, por outro lado, percebo que não posso impedir o seu interesse. Agora, você não tem permissão de tirar dinheiro da minha carteira. E eu gostaria que você pedisse desculpas por isso. E o que é mais importante, quero que você concorde em não mentir pra mim. Suas mentiras me assustam e me deixam triste. Porque, se você começar a mentir, não poderemos mais conversar como antes. E isto seria terrível, você não acha?" Sally concorda.

Faça com que a verdade entre você e seu filho seja o vínculo mais importante a uni-los.

• **Deixe o Controle de Lado:** Estimule a capacidade de seu filho, permitindo que ele assuma a liderança nos jogos. Lute com ele, deixe que ele bata em você durante a brincadeira, finja estar triste ou chorando. Essa atitude mostra à criança que nem sempre você está no controle.

Da mesma maneira, fale sobre seus sentimentos com seu filho. Se ele quiser saber por que você está se sentindo assim, ofereça uma explicação com frases curtas e simples.

• **Compreenda os Demônios de Seu Filho:** Esteja ciente dos medos de seu filho e aceite-os. Aprenda a perceber quando ele está com medo e por quê. Converse com ele sobre seus receios, confirmando-os e ajudando-o a evitá-los. Se você não tiver as próprias emoções sob controle, elimine-as dessa experiência, pois a criança poderá ficar terrivelmente assustada.

• **Estimule os Meios de Comunicação Emocionalmente Educados:** Leia livros sobre educação emocional com seu filho. Leve-o para ver filmes e peças emocionalmente educados. Evite histórias com muita violência e crueldade, a menos que tenham algum conceito moral evidente, com respeito à raiva e à maneira adequada de lidar com ela. Aconselha-se o mesmo com relação ao amor e ao sexo: verifique se a mensagem é emocionalmente educada.

• **Ensine a Autodefesa Emocional:** Ensine seu filho a defender os próprios limites e a rejeitar atitudes indesejáveis, dizendo: "Não gosto disso", ou: "Por favor, pare com isso", ou ainda: "Deixe-me em paz".

Esses são os métodos aceitáveis e eficientes de evitar o comportamento prejudicial. Represente essas situações fazendo um teatrinho e mostre a seu filho como reagir em diferentes ocasiões.

• **Seja Paciente:** A educação dos filhos é demorada mas, uma vez aprendida, a lição permanece para sempre. Repita várias vezes essas lições e procure fazer o que você prega. Lembre-se: a maçã não cai longe da árvore.

QE no Local de Trabalho

Introduzir a Educação Emocional no local de trabalho é tema para um livro inteiro. Aqui, só poderei dar algumas dicas básicas.

Aprendemos a Educação Emocional com mais facilidade quando estabelecemos com as pessoas uma relação de cooperação, livre dos joguinhos de poder e na qual o papel de Salvador e as mentiras sejam conscientemente evitados.

De modo geral acontece exatamente o contrário no ambiente de trabalho, onde é mais provável encontrarmos os jogos de poder, as mentiras deslavadas e os segredinhos. Na verdade, certos locais de trabalho estimulam esse tipo de atitude. São comuns as histórias de patrões que ameaçam despedir seus funcionários se estes saírem da linha, ou de mulheres que são sexualmente molestadas. Embora a lei possa favorecer os empregados, ela não tem eficácia sem um advogado dispendioso, e a maior parte dos empregados não tem outra alternativa senão sujeitar-se. Sigilo com relação a salário, promoções, demissões e restrições no local de trabalho são rotina.

Grande parte dos joguinhos de poder no trabalho não acontece abertamente. Os joguinhos costumam ser sutis, e não partem unicamente dos patrões e da gerência, mas são encontrados entre os próprios empregados. Desenvolve-se uma hierarquia social e, com esta, sobrevêm insultos sutis, mentiras, fofocas e brincadeiras de mau gosto.

Conquanto as pessoas na maioria das vezes percebam o que está acontecendo, não entram em acordo para pôr fim a tais atitudes nem procuram evitá-las. Conseqüentemente, o ambiente de trabalho pode tornar-se um campo minado de interações negativas e emocionalmente deficientes.

Como uma pessoa pode criar um ambiente de trabalho emocionalmente educado? Não é fácil. Mesmo em ambientes que se caracterizam pela camaradagem despreocupada, uma ampla gama de agressões emocionais pode ser encontrada. Basicamente, você terá de desalojar uma cultura emocionalmente frágil e estabelecer outra diferente, na qual os jogos de poder não sejam usados e as emoções sejam consideradas merecedoras de atenção.

Você pode dar a partida no processo de transformação encontrando pelo menos uma pessoa, no interior dessa organização, que tenha tanto interesse pela Educação Emocional quanto você. Depois vá descobrindo outras. É possível despertar esse tipo de interesse mostrando este livro ou afixando uma cópia dos Mandamentos da Educação Emocional, que se encontram no fim deste capítulo, no trabalho.

Tudo que ensinei neste livro pode ser experimentado no local de trabalho, embora talvez seja muito mais difícil. Educação Emocional no trabalho é mais arriscada porque tem de ser praticada sem um contrato cooperativo que o proteja de jogos de poder, mentiras e Salvações. Esteja preparado para lidar com pessoas que se recusam a cooperar ou até mesmo têm um reação hostil.

Por exemplo: Mark, um funcionário de sua equipe, está sempre fazendo comentários sobre suas gravatas coloridas. Você desconfia de que ele está competindo com você em razão de certas aptidões avançadas na informática que você tem e que faltam a ele. Seja como for, você sente vontade de lhe dizer que as brincadeirinhas com suas gravatas estão deixando-o irritado. Você percebe que contribuiu para agravar o problema aceitando a brincadeira até agora, mas quer que ele pare.

Todas as regras básicas aplicam-se aqui: você deve pedir permissão; mas, nesse caso, como as pessoas não estão acostumadas — e, quando isso acontece, podem concordar sem maiores reflexões —, você deve ser extremamente cuidadoso para obter o consentimento dele, e não apenas a simples concordância.

"Ei, Mark, quando tiver um minuto, gostaria de dar uma palavrinha com você, tudo bem?"

Mark (perplexo): "Claro!"

"Bom, é uma espécie de reclamação; você tem certeza de que quer ouvir?"

Mark (parecendo realmente assustado): "O que eu fiz de errado?"

"Não é nada de mais. Mas quero ter certeza de que você quer ouvir."

Mark: "Tudo bem. Que tal agora?"

"Agora? Talvez seja melhor mais tarde, quando tivermos um tempinho."

"Que tal depois do trabalho?"

"Está ótimo. Não se preocupe, é só uma coisa que está me incomodando, mas tenho certeza que vamos resolver... Nos encontramos no Hut."

Você pode ver que algo que exigiria uma transação num relacionamento contratual e cooperativo pode levar vários minutos de diálogo na vida real. E, claro, pode não funcionar tão bem como sugeri.

Mas isso não significa que não possa ser feito. Com toda probabilidade, lançando mão de uma abordagem habilidosa e aberta, Mark estará preparado para ouvir o que você tem a dizer, e você será capaz de estabelecer o entendimento, para que ele pare de zombar das suas roupas.

Dê e peça carinho às pessoas. Aceite de bom grado os carinhos que desejar e recuse educadamente aqueles que não quiser, exatamente como eu expliquei; mas, repito, cada uma dessas transações exigirá maior preparo, pois será mais complicada e prolongada, com mais riscos do tiro sair pela culatra. Você pode oferecer afirmativas de ação/sentimento e palpites intuitivos na esperança de alcançar uma reação emocionalmente educada. Caso contrário, você poderá tentar extrair uma boa resposta, embora possa ser muito mais difícil.

Por exemplo, talvez você sinta que tem trabalhado demais num projeto para seu chefe e não tem recebido elogios suficientes. Está se sentindo mal e precisa de carícias. Em lugar de simplesmente pedir permissão e depois pedir algum carinho de seu chefe, você tem de abordar o assunto com muito mais diplomacia.

"Helen, você tem um minuto? Gostaria de lhe pedir uma coisa."

"Agora estou ocupada."

Helen não é de muita conversa. Você sente que ela o aprecia. Mas não vai ser fácil. "E mais tarde?", você pergunta.

"Tudo bem", ela diz sem afastar os olhos do trabalho. Não é hostil, apenas ocupada.

"Qual é o horário mais conveniente para você?"

"Eu o chamo na sua sala assim que terminar isso aqui. Mais ou menos daqui a meia hora."

Ótimo. Agora vem a parte mais difícil.

Helen liga para sua sala. "Você queria falar comigo?"

Você está apreensivo, a boca está seca e, a essa altura, parece mais seguro deixar o assunto de lado, mas você está determinado e vai em frente.

"Quero, posso ir à sua sala?"

"Você não quer falar pelo telefone?"

"Se você não se importa, gostaria de conversar pessoalmente". Faz-se uma fração de segundo de silêncio. Helen está começando a entender que a conversa é especial.

"OK, venha até aqui."

Segundos depois você chega à sala de Helen, ela levanta os olhos do trabalho e o chama com um gesto. Está claramente curiosa. Com um sinal, convida-o a sentar.

"E aí, o que está passando pela sua cabeça?"

"Helen, estou um pouco nervoso fazendo isso, mas queria te fazer uma pergunta. Pode ser?"

"Claro, vai em frente."

"Você sabe que acabamos de terminar um projeto enorme, que exigiu muito trabalho e muitas horas."

"Sim."

"Bom, não sei ao certo se você gostou do trabalho que eu fiz."

"Pensei que tinha lhe dito como apreciei o seu empenho, não disse?"

"Sim, você fez isso, mas sabe, eu não senti que você gostou do trabalho, mas sim do meu empenho. Quero dizer, tabalhar duro não é garantia de qualidade. Você achou o trabalho que eu realizei particularmente bom?"

"Mas claro, não precisa nem dizer."

"Se você não se importa, eu gostaria muito de ouvir se você tiver alguma coisa específica para dizer sobre o trabalho. Nestes dias tenho me sentido pouco valorizado, não particularmente por você, mas em geral. Você poderia fazer isso?"

"Na verdade, achei seu trabalho excepcional."

"Odeio ter de pressioná-la, mas você poderia me dizer como?"

"Foi muito criativo e também muito preciso. Achei que você sabia disso."

"Creio que sim, mas é bom ouvir de você. Obrigado por fazer a minha vontade. Espero não ter te incomodado..."

"De jeito nenhum, lamento que você tenha se sentido menosprezado. Estou muito satisfeita com seu trabalho."

Naturalmente este é um cenário muito positivo. Helen poderia ter repreendido você por ficar pescando carícias ou mostrando-se infantil. Ou poderia ter-se recusado a ampliar seu elogio. Num ambiente emocionalmente frágil, não seria de admirar. Se isto tivesse acontecido, você teria de pedir desculpas discretamente e dar o assunto por encerrado, ou então usar as informações para ampliar seu trabalho. Mas a maioria das pessoas, inclusive em situações emocionalmente deficientes, sente vontade de ser simpática com as outras, e o resultado mais provável será positivo na maior parte das situações.

Pratique o Que Você Prega

Se você estiver em posição de supervisionar as pessoas, poderá colocar alguns desses princípios em prática. Sutilmente peça permissão sempre que for apresentar um material emocionalmente denso. Você pode dar e pedir carinhos. Pode aceitar de bom grado carinhos que desejar e rejeitar educadamente aqueles que não quiser. Você pode inclusive dar carinho a si mesmo.

Desenvolva o hábito de dizer às pessoas como você se sentiu depois de algo que elas fizeram e procure estimulá-las a ouvi-lo sem se colocarem na defensiva. Ouça os sentimentos das pessoas.

Busque a confirmação da sua intuição e tente obter a confirmação das pessoas. Se você fizer isso de coração aberto e com flexibilidade, praticamente todos irão mostrar-se receptivos, pois você estará protegendo as pessoas de jogos de poder. Na qualidade de patrão, contudo, caberá a você a responsabilidade de não impor suas idéias a pessoas impotentes e refratárias que precisam concordar com você. Por exemplo, suponhamos que você seja um supervisor numa empresa com 25 funcionários sob seu comando. Você gosta de ser amigável com eles e de ser tratado da mesma maneira.

Uma de suas melhores funcionárias parece insatisfeita no trabalho. Ela não o tem cumprimentado com a mesma simpatia e parece retraída com os colegas. Sua intuição lhe diz que há algo errado e você decide investigar de maneira emocionalmente educada.

No intervalo, você se aproxima de Paula. "Como você está hoje, Paula?."

"Bem."

"Posso lhe fazer uma pergunta?"

Ela faz que sim.

Você precisa ter certeza de que ela está realmente disposta. "Tem certeza? Não quero me impor". O tom de sua voz deve confirmar que ela tem escolha. Você deve realmente sentir que ela se sente livre para dizer não.

Vamos dizer que ela dê sua permissão. "Claro."

"Bem, tenho percebido que você anda quieta. Tenho a impressão de que algo a está aborrecendo."

"Ah, não! Está tudo bem". Ela não se mostra muito convincente.

Normalmente, num ambiente de cooperação, seria possível insistir. Mas neste caso, se insistir você estará abusando de seu poder; talvez ela não queira dizer o que está errado nem conversar com você.

"Bom, fico satisfeito. Posso lhe dizer como me sinto?" Ela novamente faz que sim.

"Com você tão calada, fico preocupado se há agum problema. E seria uma pena se eu pudesse ser útil e você não pedisse."

Ela parece em dúvida.

"Você acredita em mim?"

Novamente ela assente.

"OK, então por favor lembre-se de que estou aqui para ajudar, se puder. Avise-me se precisar de mim."

Com isso, é melhor deixar as coisa desse jeito. Talvez você fique triste ou até mesmo irritado com a negação de Paula. Quem sabe você está errado pensando que há algum problema. Seja como for, você lançou as bases para diálogos emocionalmente educados com Paula no futuro. Se tiver essa atitude, você irá adquirir uma boa reputação com seus funcionários e, quem sabe, com seus superiores. Você poderá até mesmo demonstrar que essa abordagem desenvolve a produtividade e o estado de ânimo dos empregados, e estimular outros supervisores a fazerem o mesmo.

Para aquele que detém uma posição de poder, o pedido de desculpas é uma boa maneira de demonstrar que você realmente pretende ser educado. Evidentemente você cometerá erros e, no local de trabalho, de modo geral esses equívocos não são reconhecidos. Seus funcionários ficarão bem impressionados se você reconhecer os próprios erros, admiti-los, pedir desculpas, e buscar a reparação para os que foram prejudicados por eles.

Iniciando um Grupo de Estudos e Apoio em Educação Emocional

Observe, em seu ambiente de trabalho, quem são as pessoas propensas a aceitar e até mesmo apreciar as etapas deste programa e incentive-as. Com toda probabilidade, são elas que terão interesse em participar de um grupo de apoio.

O ideal é que esse grupo tenha entre oito e doze participantes. Com um grupo assim, será possível instituir uma mudança real. Por exemplo, um grupo de estudos com reuniões no horário de almoço poderia ser uma presença digna de nota na maioria das organizações, e com certeza iria crescer. Seria mais fácil organizar um fim de semana de treinamento. Talvez a equipe pudesse convencer o patrão a financiar o encontro, mostrando-lhe como esse tipo de retiro iria melhorar os ânimos e a produtividade no trabalho.

Por que tais iniciativas produzem uma transformação positiva? Porque, mais uma vez, em geral as pessoas nutrem um anseio por carinhos positivos, não importa se acreditam ou não no treinamento em Educação Emocional, e têm necessidade de expressar seus sentimentos com segurança. Num ambiente onde possam dar e receber tudo o que o treinamento promete, elas vão se sentir mais felizes e produtivas.

OS DEZ MANDAMENTOS DA EDUCAÇÃO EMOCIONAL

1. **Não farás jogos de poder.** Peça o que quer até conseguir.
2. **Não permitirás que te manipulem.** Não faça nada que não desejar de livre vontade.
3. **Não incorrerás em mentiras por omissão ou comissão.** A menos que a sua segurança ou a segurança de outras pessoas esteja em jogo, evite mentir.
4. **Defenderás os teus sentimentos e as tuas vontades.** Se assim não for, o mais provável é que outro tome a iniciativa.
5. **Respeitarás os sentimentos e desejos do outro.** Isto não significa submeter-se a eles.
6. **Buscarás o valor das idéias alheias.** Há mais de uma maneira de ver as coisas.
7. **Pedirás desculpas e oferecerás reparação por teus erros.** Nada será mais estimulante para o próprio crescimento.
8. **Perdoarás os erros do teu próximo.** Faça aos outros o que gostaria que eles lhe fizessem.
9. **Não aceitarás falsas desculpas.** Elas valem menos do que nenhuma desculpa.
10. **Cumprirás estes mandamentos segundo teu melhor julgamento.** Afinal de contas, eles não foram escritos na pedra.

8

O Guerreiro Emocional

PROCUREI TRANSMITIR, AO LONGO deste livro, uma série de técnicas valiosas para ampliar a sua Educação Emocional.

Essas técnicas irão ajudá-lo a aperfeiçoar os relacionamentos da sua vida em todas as áreas e também a desenvolver seu poder pessoal.

Muitas pessoas ficaram tão impressionadas com os resultados do treinamento em Educação Emocional que quiseram apresentar essas idéias aos amigos, parentes e namorados. Algumas acreditam inclusive que tais conceitos deveriam compor um código moral.

Ao longo desses anos, conheci um grande número de sujeitos para os quais o treinamento em Educação Emocional tornou-se uma ferramenta para a transformação social, o que levou-os a estender essas idéias para além de suas próprias vidas. Essas pessoas pertencem a uma equipe mundial de ativistas que chamo de Guerreiros Emocionais.

O Antigo Regime

No decorrer da história encontramos pessoas dominadas por líderes que fizeram uso de quaisquer métodos que lhes possibilitassem manter o controle. Esses métodos podem ser físicos ou psicológicos, mas são invariavelmente sustentados por ameaças atemorizantes de violência. Nesse sistema de dominação, os indivíduos são distribuídos numa pirâmide de poder, acima de alguns e abaixo de outros, e cada nível controla o degrau inferior. Sigilo e controle da informação são métodos muito empregados para manter o poder.

Nas organizações militares, exemplo clássico de uma cultura hierárquica de poder, todos que estão no patamar inferior são obrigados a bater continência e prestar obediência a alguém. Neste sistema, a insubordinação é punida com rigor, e as informações são manipuladas segundo a "necessidade de saber".

Na maioria das corporações, os empregados prestam homenagem aos patrões que enviam os memorandos e controlam a empresa. Com freqüência os empregados não conhecem as intenções dos chefes, ou são propositalmente induzidos ao erro.

Esses sistemas de dominação não surgiram por acaso; são parte da estrutura básica da nossa sociedade, basicamente patriarcal.

No patriarcado clássico, o pai comanda um clã ou tribo, e sua autoridade é transmitida através da linhagem masculina. Nos patriarcados atuais, a figura paterna detém o poder e o transmite de acordo com seus caprichos — via de regra para um ou mais seguidores do sexo masculino, mas, vez por outra, também para mulheres cuidadosamente escolhidas.

Esse sistema é mantido pela dominação, seja no governo, no trabalho, nas gangues ou nas famílias.

A dominação é exercida como um todo por meio de interações individuais ou jogos de poder. O sargento que "marca" o soldado porque o uniforme está amassado, o patrão que espera um cumprimento de sua secretária mas não se dá ao trabalho de retribuí-lo, o pai que sorri desinteressado sempre que sua filha adolescente quer ser ouvida — todas essas interações são ditadas por jogos de poder e dominação.

Compreendendo o Poder de Controle

Mal nos damos conta de como a dominação acontece, porquanto estamos mergulhados nela desde o nascimento.

O valor da Análise Transacional como uma ferramenta para compreender as relações pode ser percebido claramente aqui. De posse dela, você pode "analisar" as relações de poder, examiná-las e, uma vez entendidas, buscar uma maneira de evitá-las em si mesmo e nos outros.

Depois de passarmos a infância à mercê dos caprichos de outras pessoas, consideramos natural sermos a Vítima ou o Algoz, líder ou seguidor, dominador ou dominado. A criança brutalizada torna-se o pai que bate nos filhos, a criança que é dominada e controlada torna-se o pai que domina e controla. Aceitamos a agressão e o poder de controle como o modo de funcionamento do mundo.

Se quisermos combater eficientemente o controle desmedido e o abuso de poder, teremos de entender o seu funcionamento.

O quadro abaixo mostra as quatro maneiras de exercer o poder de controle:

GROSSEIRO

FÍSICO		PSICOLÓGICO
I • Grosseiro, físico Assassinato, estupro, aprisionamento, tortura, agressão, surra, empurrões, bater de portas, gritos.	**II • Grosseiro, psicológico** Insultos, tons ameaçadores, interrupções, mau humor, indiferença, mentiras deslavadas.	
III • Sutil, físico Tocar, espreitar, invadir espaço, puxar pelo braço, obrigar a sentar ou levantar.	**IV • Sutil, psicológico** Falsa lógica, humor sarcástico, menosprezo, atos, mentira por omissão, publicidade e propaganda.	

SUTIL

Existem duas formas principais de controle: físico e psicológico. Ambos podem ser expressos sutil ou grosseiramente. Há quatro tipos de jogos de poder: grosseiro/físico, sutil/físico, grosseiro/psicológico e sutil/psicológico. Um jogo de poder é uma transação na qual uma pessoa tenta obrigar outra a fazer algo contra sua vontade.

Os jogos de poder físico grosseiro são visíveis ao olhar e incluem surras, empurrões, arremessar objetos, bater com as portas ou, pior ainda, seqüestro, tortura, assassinato e estupro.

Os jogos de poder físicos sutis não são tão evidentes, embora você tome consciência quando está sendo submetido a eles. No entanto, talvez você não tenha a menor idéia de como funcionam os jogos de poder nem de como impedi-los.

Incluem-se aí colocar-se fisicamente acima das pessoas ou aproximar-se demais, até invadir o espaço pessoal do outro, segurá-lo pelo cotovelo ou pela mão, andar na frente, obrigar as pessoas a se levantar ou sentar ou bloquear-lhes a passagem. Comumente os jogos de poder são usados por homens para sujeitar as mulheres, na convicção de que constituem um comportamento masculino normal.

Os jogos de poder psicológicos funcionam porque as pessoas são ensinadas a obedecer desde a infância; sem fazer uso da força física, posso intimidar alguém por meio de ameaças ou do tom da minha voz. Posso impeli-lo a agir fazendo-o sentir-se culpado. Posso seduzi-lo com um sorriso ou uma promessa, ou convencê-lo de que aquilo que quero é o que deve ser feito. Posso iludi-lo, abusar da sua boa-fé ou pregar uma mentira. Se tiver condições de vencer sua resistência sem fazer uso de força física, estarei usando jogos de poder psicológicos, tão comuns no nosso dia-a-dia, alguns grosseiros, outros sutis.

O jogo de poder psicológico mais grosseiro chega aos tons e olhares ameaçadores, aos insultos, às mentiras deslavadas e ao mau humor evidente. E inclui também: interromper, ignorar, fechar a cara, girar os olhos, tamborilar com os dedos e cantarolar enquanto alguém está falando.

O jogo de poder psicológico mais sutil vai das mentiras mais espertas, mentiras por omissão, mau humor sutil, sarcasmo, fofoca, lógica falsa, ignorar o que as pessoas estão dizendo, até, num nível mais amplo, a publicidade e a propaganda.

Exemplos de abuso de poder físico chamam mais atenção do que os exemplos de abuso psicológico e são menos comuns. Até mesmo nos ambientes mais violentos, como as prisões ou os campos de batalha, os indivíduos não sofrem principalmente com a opressão física direta, mas sim com o controle que a ameaça de violência exerce sobre suas mentes. Isto acontece sobretudo nos lares em que as mulheres e crianças são fisicamente surradas e agredidas.

Vias para o Poder

Há duas maneiras completamente diferentes de ter poder neste mundo: os jogos de poder e a educação do poder.

Num dos extremos, está aquele indivíduo sem sentimentos e, portanto, sem limites para suas necessidades gananciosas. A empatia não exerce muita força sobre esse tipo de pessoa, que precisa ser fria diante do sofrimento de suas vítimas e tudo fará para manter seu domínio.

A Educação do Poder. Venho divulgando e ensinando uma importante fonte de poder pessoal neste livro, o poder da Educação Emocional. Contudo, para tornar-se um guerreiro emocional, é necessária a "educação do poder", além da Educação Emocional. Em outras palavras, você deve entender o funcionamento do poder, de que maneira ele cresce, como tomar o poder, como compartilhá-lo e, às vezes, como abrir mão dele.

O problema é que, num sistema com base na dominação como é o nosso, de ordinário define-se erroneamente o poder como a "capacidade de controlar outras pessoas". Infelizmente, grande parte das reflexões em torno do poder adotam essa linha de pensamento.

Os teóricos do poder ignoram outras manifestações importantes de autoridade, tais como o poder da comunicação, do conhecimento ou do amor.

Ser apaixonado, centrado ou espiritualmente consciente é ser poderoso. Não há exemplo melhor desse tipo de poder do que Nelson Mandela, que modificou completamente a orientação política da África do Sul de sua cela na prisão. E que personalidade histórica foi mais poderosa do que Jesus de Nazaré? Foi um carpinteiro pobre que mudou o mundo com sua mensagem de amor.

O conhecimento é outro exemplo de poder que se iguala ao controle. Por isso, governos autoritários sempre procuraram, de todas as maneiras, impedir que as pessoas recebam instrução ou reúnam-se livremente para aprender com os grupos.

Uma das causas da derrocada de governos totalitários da Europa Oriental foi a melhoria das comunicações entre fronteiras, que veio a destruir a capacidade de controlar o fluxo de informações, neutralizando a propaganda desses governos. Eis outro exemplo de como, em última análise, o controle é uma forma de poder instável.

Muitos renunciam ao poder porque percebem que ele está sendo usado tão-somente para a dominação ou o controle. Crêem que, para ser poderoso, não se deve amar o próximo nem interessar-se verdadeiramente por seu destino. Por isso a rejeição do poder é considerada uma atitude correta e necessária.

Mas equiparar impotência e virtude também é uma forma de desconhecimento do poder. Na verdade, o poder pessoal constitui a capacidade de fazer as coisas acontecerem. As pessoas devem esforçar-se para ser tão poderosas quanto possível, sem extrair o poder do outro.

As Muitas Faces do Poder Pessoal

O poder pessoal vai muito além da capacidade de manipular ou controlar o outro.

Você tem poder quando consegue realizar aquilo que está buscando e impedir aquilo que não deseja. Por outro lado, você está impotente quando não consegue pôr em prática aquilo que deseja ou não consegue impedir aquilo que quer evitar. O presidente de uma empresa, que manipula políticos e empregados, pode ser incapaz de obter o amor de sua esposa e sua família. Todo o seu poder é inútil se não puder ajudá-lo a ter uma vida pessoal feliz.

Somos impotentes quando não conseguimos controlar o que comemos ou bebemos, o que colocamos em nosso organismo, quando não conseguimos dormir ou permanecer acordados, quando não conseguimos pensar com clareza nem controlar nossas emoções. Somos especialmente impotentes, e temos total consciência disto, quando não somos capazes de refrear o comportamento controlador e opressor de outras pessoas.

Se for capaz de reunir a energia e as aptidões suficientes para enfrentar o problema, provavelmente sua vida terá uma evolução satisfatória. Se malograr, sua vida será triste e pontilhada de tumulto e depressão, psicose e vício.

O Inimigo Interno. Um dos motivos de nos tornarmos impotentes é a existência de um inimigo interno que nos enfraquece constantemente. Quando uma pessoa sofre abusos sistemáticos, o mais provável é que, mais tarde, ela venha a maltratar os outros e a si mesma. Desse modo, ela se torna o agressor de si próprio e de seu semelhante, o carcereiro e o torturador.

Os campos de concentração nazistas foram um bom exemplo disso. Os delatores judeus nomeados pelos diretores para vigiarem seus companheiros judeus mostravam-se freqüentemente tão cruéis quanto os nazistas. Muitos são os exemplos de situações em que pessoas oprimidas investem contra seu semelhante, ministrando-lhe um tratamento tão agressivo quanto o de seus opressores.

Mas isso também acontece quando as pessoas são submetidas a agressões psicológicas sutis. Esses maus-tratos são dissimulados, não são reconhecidos e tendem a ser esquecidos. Entretanto, são assimilados e acabam se transformando no Pai Crítico interno, permanecendo no psiquismo dos sujeitos, mantendo-os na linha e punindo-os por todos os pensamentos ou atos contrários a suas leis opressoras.

Quando as crianças, os introvertidos, as mulheres, as pessoas de cor, os subalternos, as lésbicas, os homossexuais masculinos, os deficientes físicos e os velhos, pobres ou "feios" são maltratados, eles se sentem tão impotentes que passam a aceitar as agressões, acreditando que são merecidas. Finalmente, assumem o papel de auto-agressores, física e psicologicamente, obedecendo ao comando do Pai Crítico por meio das mais variadas formas de autodestruição e demonstrações de ódio a si mesmos.

É assim que eles assimilam o esquema patriarcal da sociedade, que afirma estar certo alguns dominarem outros, que são maltratados. Na verdade, o patriarcado sugere que os que são alvo de agressão de alguma maneira são "errados", rotulando os pobres de "preguiçosos" ou as mulheres de "irracionais", ou as minorias de intelectual e moralmente inferiores.

Neste livro procurei explicar como o Pai Crítico atua. A autoperseguição é obra do Pai Crítico, também chamado de "superego severo", "Pai Porco", "crítico destrutivo", ou "Inimigo". Como quer que o denominem, trata-se de uma voz ou imagem mental dizendo que o indivíduo é mau, idiota, feio, louco ou azarado — em resumo, não está OK. E mais, essa voz é transmitida ao longo de gerações, de pais para filhos, reverberando terrivelmente nas mentes de populações inteiras.

No treinamento em Educação Emocional, fazemos o juramento de eliminar o Pai Crítico de nossas vidas, tarefa difícil, mas que vale a pena. Contudo, combater o nosso próprio Pai Crítico não é o bastante. Na verdade, trata-se de missão perdida se não resistirmos também ao poder patriarcal controlador que nos cerca.

Não precisamos travar essa batalha sozinhos. Há pessoas em toda parte esforçando-se para governar suas próprias vidas e ansiosas por unirem-se numa batalha pela autodeterminação. Se quisermos sair vencedores nessa batalha, teremos de desenvolver uma nova forma de poder pessoal não-agressivo, conhecida como "carisma".

Sete Fontes de Poder

Mostrarei agora exatamente o que estou querendo dizer ao descrever as sete fontes de poder não-agressivo. Estudiosos das religiões orientais reconhecem como origem de cada uma delas a milenar teoria dos "chakras" da ioga kundalini: Básico, do Sexo, do Poder, Cardíaco, da Garganta, do Terceiro Olho e Cósmico.

Chamo essas sete fontes de poder de Equilíbrio, Paixão, Controle, Amor, Comunicação, Informação e Transcendência.

Nenhuma dessas aptidões deve ser mais valorizada do que a outra. Ao contrário, devem ser usadas em conjunto, pois cada uma delas possui uma capacidade única de efetuar mudanças. Ao utilizá-las conjuntamente, logo você poderá perceber que esse arco-íris de opções é bem mais eficaz do que as formas grosseiras, por vezes brutais, do poder do Controle que subjugam muitos de nós.

1. EQUILÍBRIO: De Pés Firmes. Equilíbrio ou *grounding* (ligação com a terra), como também é chamado, representa a capacidade de manter-se firme e confortável quando estiver de pé, escalando, andando ou correndo.

Se você possui uma aptidão bem desenvolvida para o equilíbrio, você "sabe onde está pisando". Se sabe onde está pisando, não será arrancado facilmente de sua posição pessoal ou física. Seu corpo estará firmemente enraizado, assim como a sua mente.

Da mesma maneira, em todas as fontes de poder é preciso tentar alcançar um "meio-termo feliz", no que diz respeito ao equilíbrio. Se houver alguma deficiência no equilíbrio, você será excessivamente obediente, assustadiço e tímido. Mas, se desenvolver em demasia o equilíbrio, você será teimoso, inflexível, obtuso, inabalável e lento.

O equilíbrio constitui uma fonte de poder particularmente valiosa para as mulheres. O patriarcado desencoraja a busca, por parte das mulheres, de uma forte noção de equilíbrio físico. As modas femininas, criadas para agradar aos homens — roupas apertadas, minissaias, saltos altos —, interferem na estabilidade física, bem como a exigência do recato — movimentos limitados e cautelosos — das mulheres "educadas".

Os homens, por outro lado, são livres para se sentirem tão à vontade quanto desejarem, usando roupas e sapatos confortáveis, cumprindo exigências mínimas com relação à vestimenta e ao recato.

Nos Estados Unidos, à medida que vão alcançando pouco a pouco *status* igual ao do homem, as mulheres estão deixando de lado os ditames da moda e da vestimenta que lhes eram impostos. Em conseqüência, estão se sentindo mais poderosas — mais estáveis, mais firmes e equilibradas.

2. PAIXÃO: Calor que o Estimula a Avançar. Nada como a força da paixão para tonificar a sua vida. A paixão pode criar ou destruir, ela reconcilia os opostos, harmoniza o embate de forças e a transformação.

Se não fosse a paixão sexual, não haveria Romeu e Julieta, os casamentos seriam raros, o amor não seria correspondido. Mas a paixão não é apenas sexual. Ela também alimenta o fervor missionário, as aventuras quixotescas e a revolução.

Quando a paixão não está desenvolvida, o sujeito é morno, enfadonho e desprovido de energia. Quando a paixão é transbordante, você explode com energia desenfreada.

3. CONTROLE: Mantendo o Domínio Firmemente. O controle tem sido usado de maneira inadequada, mas trata-se de uma forma de poder fundamental. O controle possibilita lidar com o ambiente, os objetos, as máquinas, os animais e as pessoas.

Esse controle, tanto físico quanto psicológico, também confere poder sobre si mesmo. O controle é especialmente importante quando permite, na forma de autodisciplina, moderar os demais poderes, tais como a paixão, a informação, a comunicação e todas as emoções. Esse controle é vital quando as situações estão em descontrole e ameaçam a própria sobrevivência. Um dos aspectos da Educação Emocional é o controle das emoções, na medida do necessário, com vistas a um enfoque pessoal vigoroso.

Quando o poder do controle está ausente, você se torna uma vítima de seu próprio tumulto interior, tornando-se viciado, deprimido, insone e indolente. Ou então, você pode ser uma vítima da realidade externa, tornando-se desempregado, indigente, humilhado, perseguido, mentalmente doente ou prejudicado pela poluição. Você passará a imagem de alguém desprovido de disciplina, incapaz de dominar os próprios sentimentos, atos e palavras, bem como aquilo que você ingere, respira e que corre em suas veias. No extremo oposto, a obsessão pelo controle o torna preocupado em dominar todas as situações de sua vida.

4. AMOR: Seu Poder de União. Todos querem amar e ser amados, pois sabem como é bom. Mas poucos vão além dos prazeres óbvios do amor e procuram enxergar o poder que ele confere. Apenas alguns chegam a desenvolver esse poder.

O amor vai além de cartões de Dia dos Namorados, da emoção que você sente quando encontra seu amado, ou do abraço carinhoso que a mãe dá em seu filho. O amor tem a capacidade de unir as pessoas, estimulando-as a trabalhar lado a lado, incansavelmente, em prol das tarefas mais árduas, conferindo esperança suficiente para arrancá-las das situações mais terríveis — a fome, as guerras, os desastres aéreos.

Se não desenvolver sua capacidade de amar, você será frio, desprovido de carinho ou empatia pelas outras pessoas, incapaz de acalentar e ser acalentado, incapaz até mesmo de amar a si mesmo.

Se essa força for desenvolvida em excesso, você será um Salvador contumaz, propenso a um excesso de sacrifícios pelo outro e ao mesmo tempo negligenciando a si próprio.

O amor está no centro desse conjunto de poderes éticos. Uma atitude amorosa orienta o guerreiro emocional. Essa atitude atua nas três esferas elementares: o Amor a si mesmo, o Amor ao próximo e o Amor à verdade.

No momento em que a Educação Emocional proporciona as ferramentas indispensáveis para uma existência satisfatória, essas três qualidades conferem a visão necessária para uma forma de vida centrada no coração. Vamos definir melhor essas qualidades:

- **Individualidade Firme: Amor a Si Mesmo.** Significa defender firmemente a própria singularidade pessoal. A individualidade firme mantém-nos resolutamente conectados com aquilo que queremos e nos torna aptos a definir o que favorecerá nosso caminho pessoal ou o que poderá desviar-nos dele. Somente um amor apaixonado a si próprio proporcionará a força para perseverar quando todos estão se perguntando para onde vão.

- **Lealdade Inabalável: Amor ao Próximo**. Sendo leais, estamos conscientes de nosso compromisso com as vidas de outros seres humanos e demonstramos ao outro a mesma paixão que sentimos por nós. Amar a si próprio sem amar ao próximo é egoísmo. Amar ao próximo sem amar a si próprio nos torna Salvadores que renunciam a tudo.

  O amor a si próprio e ao próximo só pode existir se estabelecermos contato com nossas verdadeiras emoções e com as emoções do outro.

- **Honestidade Consciente: Amor à Verdade.** O amor a si próprio e ao próximo não poderá existir em sua plenitude se ignorarmos a verdade.

  A honestidade é especialmente importante na Era da Informação, na qual podemos estar "bem-informados" e, ao mesmo tempo, sob a influência de informações mentirosas e ilusórias.

  Devemos participar ativamente da "verdade radical", do apuro e transmissão da comunicação honesta. O amor à verdade é aquele atributo que mantém o indivíduo ativamente envolvido com a busca de informações válidas, isto é, com a informação que reflita as realidades do mundo.

5. COMUNICAÇÃO: Seu Elo com o Outro. Se quiser transmitir aos demais suas idéias e seus sentimentos, você deverá fazer uso do poder da comunicação. São necessárias duas ações: enviar e receber, falar e ouvir. Você precisa da comunicação para transmitir o conhecimento, para solucionar problemas juntamente com as outras pessoas, para erigir relações satisfatórias — em resumo, para alcançar a Educação Emocional.

Se não dispõe do poder da comunicação, você será incapaz de aprender em larga escala ou desfrutar a companhia das pessoas. Se exacerba o uso da comunicação, você pode se tornar aquele que fala compulsiva e desatentamente, sem prestar muita atenção naquilo que diz ou no efeito que suas palavras causam no outro.

Todas as formas de poder atuam em conjunto. Uma combinação bastante eficiente, usada por grandes mestres, é a comunicação, a informação e o amor. A comunicação entre eles é inspirada pelo amor à verdade e às pessoas. Não se deixam intimidar nem lançam mão do controle. Portanto, seus discípulos são livres para fazer comparações entre os ensinamentos do mestre e aquilo que já sabem, consolidando suas próprias opiniões. Assim eles adquirem poder pessoal.

6. INFORMAÇÃO: Seu Antídoto para a Incerteza. O poder da informação reside em sua capacidade de minorar a incerteza dos indivíduos. Quando tem informação, você pode prever os acontecimentos, fazer com que as coisas aconteçam ou impedi-las.

Se lhe falta o poder da informação, você sofre de ignorância. Se essa qualidade está excessivamente desenvolvida, você tende a confiar demais na ciência e tecnologia, tornando-se hiperintelectual e insensível.

A informação chega até você de quatro maneiras: como ciência, intuição, sabedoria e visão.

A ciência reúne os fatos metodicamente, analisando-os com cuidado e verificando como são e como agem. A ciência assemelha-se a uma câmera que tira instantâneos da realidade. É uma fonte importante de certezas.

A intuição apreende o fluxo das coisas. Produz "hipóteses elaboradas" de como são as coisas.

A intuição não é tão exata como a ciência, mas trata-se de um guia poderoso que provavelmente é correto. Por isso, a intuição costuma ser fundamental nos estágios iniciais de importantes descobertas científicas. Contudo, quando confiamos demais na intuição, sem checá-la com a realidade, podemos nos tornar paranóides.

A sabedoria, ou perspectiva histórica, provém do conhecimento de fatos passados, seja através da experiência pessoal ou do estudo da história. Embora não seja exatamente igual à ciência, a sabedoria pode constituir uma ferramenta poderosa para ajudá-lo a prever os acontecimentos.

A visão é a capacidade de visualizar diretamente o que vai acontecer, seja por meio de sonhos ou de visões.

De ordinário, nossa sociedade considera a ciência a única fonte válida de conhecimento: a sabedoria é para os velhos, a intuição é para as mulheres e a visão, para os loucos. No entanto, cada uma dessas formas de informação tem seu valor e pode ampliar o seu carisma.

A informação tem sido mal empregada ao longo dos séculos, colocando-se a serviço do controle, para fazer guerras, usurpar terras e impor visões políticas e religiosas.

Hoje, na Era da Informação, o mau uso surge na forma da desinformação, da propaganda falsa, dos anúncios políticos negativos e outras formas de propaganda moderna. Esses recursos são utilizados para manipular milhões de pessoas, através da televisão e outros meios de comunicação, e persuadi-las a ter determinados estilos de vida e adquirir certos produtos.

A informação a serviço do amor seria completamente diferente. Ela seria usada para aumentar o poder pessoal — a saúde, por meio de conhecimentos médicos e psicológicos, a sabedoria, através da educação, e os relacionamentos, através da Educação Emocional.

7. TRANSCENDÊNCIA: Elevando-se Acima de Tudo Isso. Quando é considerada uma fonte de poder, a transcendência representa o poder do desapego, da liberdade que é dada aos fatos para que possam seguir seu curso sem inquietações ou sem o envolvimento do ego. A transcendência faz com que você se sinta tranqüilo em meio aos acontecimentos mais extraordinários, permite que você veja as coisas com clareza.

A transcendência é alcançada quando você percebe como na verdade é insignificante diante do universo — como sua vida é curta até que você retorne à poeira cósmica, como seus sucessos e fracassos são efêmeros, como suas dores e alegrias são relativamente insignificantes.

Qualquer que seja a sua situação, é possível enfrentá-la quando você se vê como uma partícula na imensidão do tempo e do espaço. De posse desse entendimento, você deixa de temer o futuro ou mesmo a morte, pois seu lugar fundamental no universo não pode ser destruído por fatos comuns.

O poder da transcendência proporciona esperança e fé de que sua vida tem um significado, embora sua inteligência limitada não consiga apreendê-lo.

Com a transcendência, você pode "elevar-se acima" da situação e sentir seu poder, não obstante as condições materiais.

Se sua capacidade de transcendência ainda for incipiente, você verá a si mesmo no centro dos acontecimentos, agarrando-se desesperadamente a suas crenças e desejos, qualquer que seja o preço a pagar. Você deixará de perceber o efeito que exerce sobre os outros seres humanos e no meio ambiente, porque tudo que é importante para você é você.

Se sua transcendência estiver desenvolvida demais, como uma forma de enfrentamento, você se tornará muito distante, "pairando à distância" de todas as questões mundanas, mostrando-se incapaz e sem força de vontade para colocar os pés no chão.

Meu conhecimento sobre essas fontes de poder ainda é embrionário. Compreendo algumas (controle, comunicação) melhor do que outras. (transcendência, visão). Convido-o, caro leitor, a adicionar os seus conhecimentos sobre o tema, comunicando-se comigo por carta ou pelo *e-mail* que se encontra no final deste livro.

Uma Transformação para o Milênio

Desenvolvendo cada uma das sete fontes de poder, você poderá cultivar o Guerreiro Emocional que existe em seu íntimo.

Neste momento, a fixação de nossa sociedade pelo controle vem deixando muita gente à mercê da hierarquia do controle — políticos corruptos, mandachuvas impiedosos, cínicos executivos da propaganda e homens de negócios dotados de uma mentalidade fragmentada.

Se nos dedicássemos a analisar o poder na cultura ocidental nos dias de hoje, veríamos um núcleo de controle influenciando todas as demais fontes de poder.

- A transcendência seria distorcida em religiões patriarcais que adoram deuses coléricos e são conduzidas por líderes religiosos cuja espiritualidade foi minada pelo poder e pelo dinheiro.
- A informação seria limitada ao uso da ciência para servir à tecnologia da guerra e à comercialização de bens.
- A comunicação seria um processo unilateral de manipulação das pessoas.
- O amor seria uma paródia degradada de si mesmo, repleto de ciúme e obsessão, representado na música popular e nos filmes, mas ignorado na vida real.
- A paixão seria reduzida à luxúria e à violência.

- O equilíbrio seria privilégio exclusivo de super-heróis atléticos.

Nossas vidas não precisam ser assim. Na qualidade de Guerreiros Emocionais, podemos fazer uso de nossos poderes do amor para transformar essa situação. Podemos modificar o mundo, afastando-o do controle em direção ao amor.

Você pode abraçar essa causa desenvolvendo seu poder e carisma individuais em seus diferentes aspectos. Para isso é necessário:

- Equilíbrio para manter o rumo.
- Paixão para energizá-lo.
- Controle para não se desviar de seu rumo.
- Comunicação para interagir eficientemente com os demais.
- Informação para fazer previsões acertadas.
- Transcendência para manter a perspectiva;
- Amor para harmonizar todas essas aptidões e dar-lhes um forte impulso estimulante.

O treinamento em Educação Emocional fala diretamente ao coração, convocando pessoas de toda parte para a prática de três virtudes relacionadas: amor a si mesmo, amor ao próximo e amor à verdade.

Este é o caminho do Guerreiro Emocional.

RESUMO DO CAPÍTULO OITO

O Guerreiro Emocional

Você não é obrigado a concordar com um mundo no qual a força do homem expressa-se por meio de jogos de poder ou de violência. Você pode lutar por uma realidade onde o poder seja expresso através do amor a si mesmo, ao próximo ou à verdade.

Isso pode ser alcançado com a Educação Emocional e a transmissão das técnicas da Educação Emocional aos demais.

Ser um indivíduo apaixonado, centrado e espiritualmente desperto é ter poder. Existem sete fontes benignas de poder, às quais você pode recorrer: o Equilíbrio, a Paixão, o Controle, o Amor, a Comunicação, a Informação e a Transcendência.

Faça uso dessas fontes de poder consultando sempre o seu coração, à luz da Educação Emocional. Desenvolvendo seu próprio carisma e não se esquecendo dos seus semelhantes, você se tornará um Guerreiro Emocional.

9

Uma Última Palavra

O AMOR É UMA PALAVRA bastante presente neste livro, uma palavra de que costumam usar e abusar com a maior facilidade, e no entanto... o amor, creio que muitos concordarão, faz o mundo girar. O que significa exatamente o amor não está claro, mas com certeza ele é muito mais do que a paixão conhecida entre os amantes ou a adoração pelos filhos. É o instinto profundo que nos faz gostar de estar juntos, cuidar uns dos outros e fazer coisas juntos. Quando permitimos a expressão do amor, ele nos ajuda a sobreviver e prosperar.

Das muitas coisas que disse neste livro, quero ressaltar uma delas, com minhas próprias palavras: o Amor é a essência da Educação Emocional. Qualquer forma de inteligência emocional ao nosso alcance mas dissociada do sentimento do amor é como uma tela que pode retratar uma imagem agradável aos olhos, mas que não é verdadeira. Se começar a dar e receber carícias, você irá abrir seu coração e alcançar o único alicerce duradouro para uma existência emocionalmente educada.

Muito provavelmente você deve estar se perguntando de que maneira a prática de uns poucos exercícios transacionais poderá produzir uma fonte tão grandiosa de energia e poder. Não se trata de uma espécie de alquimia dos números transformar o chumbo psicológico em ouro? Não estou prometendo *criar* um coração amoroso. O que estou garantindo é que essas transações, praticadas com sinceridade e com uma pessoa disponível e receptiva, irão *desencadear* esse poder. Dar e receber carinhos derrubarão os muros que aprisionam nossos corações. O resto fica a cargo dessa força irresistível da natureza: o Amor. Talvez alguns não pensem assim, mas o Amor está pronto para combater o nosso lado obscuro, se assim o permitirmos e se pudermos encontrar formas de proporcionar-lhe segurança e nutrição à medida que ele for crescendo.

Por fim, o desenvolvimento de sua Educação Emocional vai depender de uma série de fatores: seu desejo, a possibilidade de encontrar pessoas com as quais possa praticar, as oportunidades que este mundo irá lhe oferecer e sua habilidade em evitar o lado obscuro deste mundo. Com estas últimas palavras quero ter certeza de que você, caro leitor, entendeu que a mensagem deste livro tem tudo a ver com o Amor — a si mesmo, ao próximo e à verdade.

Claude Steiner
Julho de 1997
Berkeley, Califórnia

NOTAS AOS FILÓSOFOS

COM ESTAS NOTAS, estou seguindo o exemplo de Eric Berne que, em seus livros, oferecia aos leitores os fundamentos históricos e filosóficos de suas concepções. Estas notas são o resultado de entrevistas com Jude Hall sobre as controvérsias filosóficas que cercam as questões levantadas neste livro.

O Amor: Um Bem Fundamental

A idéia do amor como um bem fundamental, que vem sendo buscado por todos os seres humanos, constitui uma concepção nitidamente cristã, adotada pela primeira vez no Ocidente por Jesus Cristo e, na China, por Mo Di, contemporâneo do discípulo de Confúcio, Mencius.

O crítico mais influente do conceito cristão do amor é Friedrich Nietzsche, para quem o amor universal defendido pelos cristãos é falso, hipócrita, neurótico e promotor do niilismo depressivo (por ele chamado de niilismo passivo) e da degeneração da sociedade e das artes. Nietzsche afirmava que o amor universal e o altruísmo a que os cristãos aspiram necessita de um nivelamento igualitário que impede a sociedade de produzir a excelência, atribuindo igualmente os privilégios a todas as pessoas, quando na verdade eles deveriam ser concedidos aos mais talentosos. Esses indivíduos especiais deveriam ter assegurado o poder de que necessitam para alcançar suas visões. Os ídolos de Nietzsche eram Napoleão, Júlio César, Augusto César e os primeiros imperadores romanos, homens fortes em busca de seu ideal humano, o super-homem.

Embora isso possa parecer estranho para o leitor médio, Nietzsche (que veio a falecer em 1900) é considerado uma das personalidades mais influentes do pensamento do século XX, e sua crítica das raízes psicológicas ocultas do altruísmo é aceita por pensadores tão diversos quanto Max Horkheimer, Theodore Adorno e Michel Foucault. Certos aspectos do pensamento nietzschiano influenciaram até mesmo o pensador igualitário Herbert Marcuse. Assim, por mais que as concepções de Nietzsche possam afigurar-se equivocadas para os não-iniciados, elas não podem ser descartadas.

Estudiosos de política contemporânea podem reconhecer os sinais do ponto de vista nietzschiano nas teorias dos políticos conservadores da atualidade. A crença de que os serviços sociais e os subsídios governamentais para auxiliar os excluídos são indesejados constitui uma manifestação lícita de uma convicção elitista muito mais radical que permeia os corredores do conservadorismo em todo o mundo.

Paradoxalmente, conquanto as visões deste livro originem-se dos ensinamentos sobre o amor fraternal de Jesus de Nazaré, provavelmente elas serão classificadas como humanismo secular, anátema dos cristãos fundamentalistas.

Mentira e Honestidade

A idéia de que a mentira é um mal universal foi registrada em um dos 10 mandamentos trazidos do Monte Sinai por Moisés: "Não prestarás falso testemunho". Embora seja uma máxima fundamental judeu-cristã, pouco atentou-se para qual seria exatamente o significado de obedecer a essa lei. Quando falo sobre a verdade neste livro, estou aplicando os critérios bastante conhecidos que eram seguidos nas cortes, qual seja, para não mentir, é preciso dizer "toda a verdade (sem mentiras por omissão), nada mais do que a verdade, somente a verdade (sem mentiras por delegação.)"

Segundo esta definição, uma mentira é um ato consciente, de modo que o indivíduo não pode mentir sem ter consciência do fato. A verdade é simplesmente a verdade que o interlocutor conhece. Neste sentido, mentir e dizer a verdade guardam relação com a verdade subjetiva e apenas vagamente com o conceito abstrato e inatingível de "verdade" (ver notas sobre a Verdade).

Santo Agostinho foi o grande patrocinador da verdade absoluta. Acreditava ele que "Deus proíbe todas as mentiras". A idéia de que nunca se deve mentir foi levada a seu extremo político por Immanuel Kant, para quem seria um crime moral ocultar de um assassino o paradeiro de uma vítima em potencial. Benjamin Constant contra-argumentou que "ninguém tem o direito a uma verdade que fira outrem". Neste livro, embora sustente que a sinceridade é fundamental para a Educação Emocional, reconheço que o imperativo da verdade é secundário ao imperativo da segurança individual. Assim, qualquer um que aspire à sinceridade integral deve ter em mente que a verdade às vezes pode ser prejudicial e precisa ser avaliada de acordo com as circunstâncias. Talvez isto pareça abrir a porta para toda sorte de mentiras em nome da segurança das pessoas. Mas hoje, muito poucas são as situações que justificam a mentira com base na segurança e, sem dúvida, não há justificativa para as constantes desonestidades que são aceitas como se fossem normais. Grande parte das mentiras nada tem a ver com a proteção dos indivíduos ou de si próprio de algum dano, e tudo a ver com a manipulação das pessoas em proveito próprio, via de regra sob pretexto de proteger o indivíduo de um sofrimento "desnecessário".

Segundo a Dra. Bella de Paulo, "as mentiras cotidianas são parte do tecido social", e num estudo sobre pessoas que mentem, ela verificou que um quinto dos indivíduos mentem em suas interações sociais e 70% daqueles que mentem voltariam a mentir; 60% das mentiras compunham-se de enganos completos, 10% eram exageros e o restante eram mentiras sutis, freqüentemente mentiras por omissão.

Em seu livro *Lying,* Sissela Bok, especialista no tema, classifica todos os tipos de mentira e segredos, e reconhece os prejuízos que a mentira crônica nos traz. No entanto, ela não chega a recomendar que as pessoas deixem de mentir, em grande parte, parece, por medo de que a sinceridade radical possa prestar-se ao mau uso sádico.

Em seu livro *Radical Honesty,* Brad Blanton, depois de afirmar que "todos nós mentimos demais. A mentira nos esgota, é a fonte principal de todas as tensões humanas. A mentira acaba com as pessoas", também deixa de recomendar uma política radical da verdade (não obstante o título do livro) porque parte de nossas mentiras crônicas, segundo o autor, são mentiras que dizemos a nós mesmos, as quais não são tão fáceis de definir nem de interromper. Evito reconhecer minhas próprias mentiras definindo-as como um ato consciente. Segundo esta definição, torna-se impossível mentir para si mesmo.

A Verdade

Escrevendo sobre a verdade e o amor à verdade, estou imiscuindo-me num amplo debate filosófico que monopoliza inteligências muito maiores e meticulosas do que a minha.

A idéia de que a verdade deve ser descoberta com a mente e não aceita pela religião foi registrada pela primeira vez no século 4 a.C., resultado de um renovado interesse pelas obras do universo físico. Sócrates e Platão ampliaram sua exploração até os limites da ética, da estética, da política e da psicologia. (Aristóteles ressaltou a importância da investigação empírica, desafiando seu mestre Platão, favorável à especulação e à lógica, com pouco fundamento empírico.) Foram os sofistas gregos, contemporâneos de Platão e adversários intelectuais, que primeiro sustentaram que a emoção e a parcialidade são tão importantes quanto a razão na busca da verdade. Platão defendia a verdade absoluta, passível de ser descoberta através de um processo de diálogo por ele chamado de dialético; os sofistas acreditavam que a opinião, ou "doxa", é a verdade, e que a verdade é totalmente relativa. Daí a conhecida máxima de Protágoras, "o homem é a medida de todas as coisas".

A predominância da verdade religiosa voltou com a Idade Média, mas no Iluminismo o debate foi retomado. Os racionalistas repetiam Platão, afirmando que a razão é o melhor guia para a verdade; os empiristas, como Aristóteles, preferiam confiar nos fatos físicos; os românticos, inadvertidamente, fizeram um paralelo com os sofistas ao asseverar a importância da emoção e do irracional. (Deve-se observar que, embora os sofistas via de regra fossem furões dissimulados, os românticos eram os buscadores sinceros que se rebelaram contra os excessos do racionalismo e da industrialização.)

Conquanto Nietzsche tenha sido o herdeiro da tradição romântica desde seu primeiro ídolo, Schopenhauer, representou um dos últimos pensadores rutilantes de que se teve notícia. Sustentava que a linguagem (e até mesmo o pensamento) é fundamentalmente enganosa e que nenhuma sociedade poderá sobreviver sem a concordância mútua em torno das falsidades: "... ser sincero significa empregar as metáforas usuais. Assim, para expressá-las moralmente, deve-se mentir de acordo com uma convenção definida, mentir com o rebanho e de maneira a vincular todas as pessoas."

Hoje aqueles que conhecem o trabalho dos herdeiros de Nietzsche, os filósofos estruturalistas e pós-estruturalistas como Derrida e Foulcalt, podem escarnecer da idéia de que o conceito da verdade tenha algum significado ou possa ser descoberto.

A meu ver, não há nada que possa ser chamado de "a verdade". A verdade muda com o tempo. Às vezes há uma série de verdades aparentemente contraditórias e nenhuma forma de conter os fatos tremendamente complexos da natureza num único conjunto de palavras. Mas creio que certas afirmações são mais verdadeiras que outras. Este livro não pretende deter o monopólio das verdades morais universais, mas sim oferecer um paradigma que, em nossa cultura, tenha potencial para tornar nossas vidas mais felizes e ricas. O que posso afirmar com certeza é que, se quiser colher os benefícios da prática da Educação Emocional, o indivíduo terá de levar o "amor à verdade" a sério e buscar a sinceridade com todo o empenho. Amor à verdade significa, como se diz que George Sand afirmou, que "temos de aceitar a verdade, ainda que ela modifique nosso ponto de vista". Ser sincero é dizer a verdade conforme nós a entendemos. Precisamos ser particularmente vigilantes no contexto das relações amorosas e cooperativas, onde a mentira com freqüência parece necessária para evitar prejuízos, mas acaba por trazer muito mais danos do que aqueles que pretendia obstar.

A Violência e o Lado Obscuro

Em sua maioria, as pessoas bem no fundo de seus corações têm uma necessidade e uma vontade reais de vincular-se, abrir-se, amar e respeitar os sentimentos alheios. Um dos primeiros dogmas da Análise Transacional é que todos nascem OK. Provavelmente essa idéia foi captada por Eric Berne do filósofo do século XIX, Jean-Jacques Rousseau, para quem as pessoas nascem boas e tornam-se más em razão das enfermidades sociais. O filósofo Herbert Marcuse e, inicialmente, Sigmund Freud chamaram essa bondade original de "instinto social inato", Eros, e a energia que o impulsiona, "libido". Originalmente, Freud acreditava que nossa capacidade de viver em harmonia e amor provém desse "princípio de Eros", enquanto a violência e a exploração originam-se do "princípio do ego", o lado da natureza humana voltado para a autopreservação, e que, portanto, luta para adquirir tanto poder (por conseguinte, segurança) quanto possível, dispondo-se a ferir as pessoas para alcançar seus objetivos.

Outros, como Francis Fukuyama, sugeriram que essa convicção rousseauniana de que as pessoas são intrinsecamente boas e toda a negatividade provém de condições sociais negativas é uma concepção liberal e ingênua. O próprio Freud, no final da vida, depois de testemunhar os horrores da II Guerra Mundial, concluiu que, além da libido, princípio da vida, havia outra tendência humana inata, um instinto anti-social inato que ele chamou de Thanatos, o instinto da morte.

Além do lado positivo e cooperativo das pessoas, há um aspecto obscuro da natureza humana que temos de levar em conta. Afora as lições simples deste livro, seremos confrontados por situações difíceis e, como guerreiros emocionais, não devemos ser pegos de surpresa se nossos esforços encontrarem uma resistência árdua e talvez até mesmo maldosa.

A busca de Educação Emocional pressupõe que as pessoas nascem com uma tendência inata para a bondade, a cooperação e o amor; isto é, a tendência a exercitar o poder da ética. Sem esta tendência, estaríamos travando um combate constante, exaustivo e árduo. Mas todos temos forças interiores profundamente contrárias à ética, que não são simplesmente implantadas por uma cultura nefasta, mas provavelmente são inatas. Essas forças envolvem a agressão, a ganância e as manifestações da sexualidade não-éticas, e provêm de instintos primitivos, incontroláveis e até mesmo vitais e valiosos.

Os filósofos morais do Iluminismo costumavam definir o mal como um erro. Segundo este livro, o erro equivale à ignorância emocional ou à ausência de um interesse pessoal esclarecido, que tornaria claro o quanto nossos maus atos acabam por nos magoar, deixando-nos isolados. Mas a raiz do mal não pode ser apenas o erro, mas sim o resultado de impulsos de sobrevivência profundos, instintivos e incontrolados.

Para ser um Guerreiro Emocional eficiente, você deve ser capaz de admitir sua própria agressividade, egoísmo e cobiça, seu próprio ímpeto inato de sobreviver a qualquer custo. Deve igualmente aceitar e tomar consciência desses impulsos no outro. Um Guerreiro Emocional sabe que todos temos instintos egoístas e agressivos, e lidar com esses instintos de maneira ética consiste numa das metas principais da sabedoria emocional.

Fiodor Dostoievski reconheceu esse egoísmo irredutível da natureza humana quando escreveu:

"Amar ao próximo como a si mesmo, como reza o mandamento do Cristo, é impossível. Só Cristo foi capaz disto, mas Cristo é um conceito eterno pelo qual o homem não deixa de lutar..."

Existe um lado negro não apenas na natureza humana, mas também na condição humana. Todos os seres humanos convivem diariamente com o possibilidade da perda, da tragédia e até mesmo do desastre.

Na sociedade moderna, nós nos protegemos de toda sorte de tragédias por meio da tecnologia. Contudo, talvez estejamos abrindo caminho para uma tragédia coletiva muito maior — uma catástrofe mundial, pois essa mesma tecnologia, se lhe for dado livre curso, poderá destruir a biosfera.

A consciência da tragédia é fundamental para a busca da Educação Emocional, especialmente para o Guerreiro Emocional. Alguns sobreviventes da tragédia sentem não ter mais forças para se preocupar com os direitos e as necessidades alheias. Podem incorrer numa atitude niilista do tipo "depois de tudo o que passei, eu mereço ser feliz, custe o que custar", ou "eu já sofri; por que outros não poderiam sofrer também?". Um Guerreiro Emocional deve entender que essa tentação de sucumbir ao lado negro de nossa natureza é uma reação à tragédia, e deve ser capaz de resistir à tentação. Cumpre-lhe perceber que talvez não seja recompensado materialmente por seus esforços, talvez tenha até mesmo de suportar a tragédia, não obstante o seu valor;

às vezes, tragicamente a virtude não apenas é uma recompensa, mas a única recompensa. Um guerreiro deve estar preparado para esta possibilidade.

Um Guerreiro Emocional está consciente do lado negro, tanto o lado negro da natureza humana (ganância e agressividade inatas) como da condição humana (tragédia), e esforça-se por praticar o venerável poder da ética, mesmo quando uma ou ambas as facetas gêmeas do lado negro ameaçam destruir tudo.

Violência e Agressão

A relação entre agressão na infância e comportamento violento adulto, mediada pelo entorpecimento emocional, já é bem conhecida.

O relacionamento não é perfeito. Existem certos determinantes neurológicos da atitude violenta que estão intimamente associados ao trauma cerebral. Isto é, jovens que recebem pancadas na cabeça, sejam elas acidentais ou propositais, apresentam uma certa falta de capacidade inibitória, o que pode resultar em comportamento violento incontrolável. Por outro lado, abusos infantis também estão diretamente vinculados ao comportamento adulto violento. Na verdade, esse tipo de agressão está mais intimamente relacionado com a violência adulta e não com danos cerebrais. O que reforça a necessidade urgente de pôr fim à violência doméstica.

A combinação mais perigosa dos determinantes da violência se dá entre a agressão e a lesão neurológica.

Analisando-se 95 rapazes durante um período passado na prisão, à guisa de avaliação do comportamento violento, obtiveram-se resultados surpreendentes:

Nenhum determinante neurológico, nenhuma agressão	tempo 0
Determinantes neurológicos, nenhuma agressão	360 dias na prisão
Nenhum determinante neurológico, agressão	562 dias na prisão
Determinantes neurológicos e agressão	1.214 dias na prisão

O comprometimento cerebral em crianças quase invariavelmente provém de abandono ou maus-tratos. A violência infantil, sobretudo com golpes na cabeça, é um grave determinante do comportamento adulto violento. E o trauma do abandono e dos maus-tratos ocasiona o tipo de entorpecimento emocional que torna alguém capaz de agredir ou abandonar uma criança. Faz-se premente alguma intervenção e treinamento em Educação Emocional. Ensinando a empatia, esse treinamento interrompe o círculo vicioso de abandono e maus-tratos.

O Pai Crítico

Os pensadores criteriosos questionarão o conceito de Pai Crítico. Alguns poderão argumentar que é demasiadamente semelhante ao *homunculus,* uma pessoinha dentro da nossa cabeça. O Pai Crítico constitui apenas uma maneira de tornar acessível um método para deflagrar — retirando energia psíquica — um conjunto de idéias depreciativas, preconceituosas, fragilizantes e repetitivas. Esses pensamentos auto-agressivos não se baseiam nos fatos do dia-a-dia, mas constituem resquícios de nossa infância, os quais nos perturbam, desmotivam e desmoralizam. O fato de que certas pessoas os ouvem como "vozes na cabeça" depreciativas, insultantes ou condenatórias (aquilo que conhecemos como Pai Crítico) torna o processo mais fácil. Isto porque você pode falar com elas, discordar delas e expulsá-las, enquanto é mais difícil reagir e resistir a uma imagem ou sentimento amorfo de inadequação.

Mais uma vez o valor desses conceitos está em poder nos ajudar a entender melhor o comportamento social humano. São uma maneira valiosa de representar os seres humanos em suas interações sociais. Quando os analistas transacionais desenham duas pessoas com seus três estados de ego no quadro negro, sabemos que não são representações verdadeiras dessas pessoas, assim como um mapa não é uma representação real de uma cidade. Contudo, são tão úteis quanto um mapa para o entendimento da situação humana — o que explica o grande valor dessas representações.

Glossário

Adulto: estado de ego racional.

Algoz: indivíduo irado e ressentido que descarrega seus sentimentos nas outras pessoas.

Amor: emoção primordial que estimula as pessoas a jogarem, reunirem-se e trabalharem juntas. Sentimento agradável de cooperação.

Amor à verdade: anseio fundamentalmente humano de compreender a realidade. Exige a disposição de abandonar as próprias convicções diante de informações contraditórias.

Análise Transacional: sistema de psicologia e psicoterapia que analisa as interações com a finalidade de entender as pessoas.

Berne, Eric: pai da Análise Transacional.

Carícia: ato de reconhecimento social. Ver também carícia positiva.

Carícia Negativa: carinho realizado com um sentimento abominável. Um carinho que faz mal.

Carícia Positiva: carinho realizado com um sentimento de amor. Um carinho que faz bem.

Carisma: soma total do poder pessoal de um indivíduo.

Centro do carinho: exercício para eliminar a Economia do Carinho.

Consciência emocional: percepção dos sentimentos em oposição à inteligência emocional, tarefa muito mais complicada.

Criança: estado de ego criativo, consciente, espontâneo, pessoal. Lugar de nossas emoções.

Economia do carinho: sistema de proibição de carícias que restringe gravemente a disponibilidade de carinho, promovendo a fome de carinho.

Educação emocional: aptidão que envolve o entendimento das emoções próprias e alheias, e de como nossas emoções melhor se expressam para o desenvolvimento máximo do poder pessoal e ético.

Emoções: estados físicos de origem bioquímica que influenciam nosso comportamento.

Empata: indivíduo profundamente consciente de suas emoções e das emoções do outro. O empata desprovido de Educação Emocional pode sofrer muito com sua percepção aguçada.

Empatia: capacidade intuitiva de entender as emoções.

Entorpecimento emocional: supressão completa da percepção das emoções, ocasionada em geral por trauma grave.

Estado do ego: uma das três maneiras distintas e coerentes como as pessoas se comportam: Pai, Adulto ou Criança.

Guerreiro emocional: aquele que luta contra a dominação do patriarcado, visando substituí-la pela Educação Emocional, em sua vida pessoal e na sociedade.

Inteligência emocional: basicamente igual à Educação Emocional.

Intuição: aptidão humana com a qual podemos sentir a realidade sem precisar analisá-la.

Janela de oportunidade: período mais favorável, no começo da vida, para aprender determinada aptidão.

Jogo: uma série de transações que malogra na aquisição de carícias positivas, produzindo, ao contrário, carícias negativas.

Mentira: há dois tipos de mentiras. Por delegação: dizer algo que sabemos ser falso. Por omissão: deixar de dizer algo que achamos que outra pessoa gostaria de saber.

Pai: estado de ego tradicional que pré-julga.

Pai crítico: estado de ego parental de pré-julgamento negativo. Freqüentemente ouvido como uma voz que nos diz que não estamos OK; que somos maus, idiotas, feios, loucos, insanos ou malfadados.

Pai nutriente: estado de ego parental de pré-julgamento positivo.

Paranóia: do grego, significa "conhecimento ao lado". Percepção intuitiva válida que, contudo, não está inteiramente correta.

Paranóide, Fantasia: aquilo que acontece à percepção paranóide quando é rejeitada e desqualificada. Em geral, idéias de perseguição quando não sabemos o que está se passando.

Psicopata: termo antiquado para uma persoanlidade anti-social. Indivíduo desprovido de empatia e incapaz de sentir emoção.

Reforço existencial: sensação benéfica que os indivíduos obtêm da prática do jogo, pois o reforço negativo confirma uma posição existencial que é parte de um *script*, via de regra desde a infância.

Salvador (maiúscula): aquele que faz o que não quer para as outras pessoas ou que faz mais que do que o seu quinhão em determinada situação. O oposto do salvador (minúscula), que ajuda pessoas necessitadas.

Script: plano de vida decidido na tenra infância como uma maneira de suportar nossas condições de vida na ocasião.

Sentimento: o mesmo que emoção.

Simpatia: aspecto mental da empatia. Disposição generosa para entender as emoções alheias sem o acompanhamento da própria emoção.

Sinceridade: dizer aquilo que se considera verdade.

Surdez emocional: incapacidade de sentir determinadas emoções. Similar ao daltonismo.

Transação: intercâmbio social de informações ou carinhos.

Verdade: conceito indefinível. A verdade não existe, mas é possível fazer uma aproximação. Verdade é crença, e nós nos aproximamos da verdade quando nossas crenças refletem as realidades do mundo. A melhor abordagem para a verdade é o consenso de um grande número de indivíduos livres pensantes.

Vítima (maiúscula): aquele que não ajuda a si mesmo. Ao contrário da vítima (minúscula), que está passando por um mau momento.

Referências Bibliográficas

Berne, Eric. *Transactional Analysis in Psychoteraphy.* (Grove Press, 1961)

———— *Games People Play.* (Grove Press, 1964)

———— *Beyond Games and Scripts.* Editado por Claude Steiner (Grove Press, 1976)

Blake, D.D. "Treatment Outcome Research on Post Traumatic Stress Disorder". CP *Clinician NewsLetter.* número 3 (p. 14-17).

Brom, D., Kleber, R.J., e Defares, P.B. "Brief Psychotherapy for Post Traumatic Stress Disorder". *Journal of Consulting and Clinical Psychology,* 57 (5), p. 607-612.

Eisler, Riane. *The Chalice and the Blade.* (HarperCollins, 1988)

Fenestra, M., e col. *The Ultimate IQ Book.* (Sterling, 1993)

Gilligan, James. *Violence: Our Deadly Epidemic and Its Cause.* (Grosset Putnam Books, 1996)

Geller, M. e Ford, Sonna. *Violent Homes, Violent Children* (New Jersey Department of Corrections, 1984)

Gladwell, Malcolm. "Damaged. Do New Studies of the Brain Explain Why Some People Turn Into Violent Criminals?" (*The New Yorker,* 24 fev. 1997)

Goleman, Daniel. *Emotional Intelligence.* (Bantam Books, 1996)

Goleman, Daniel. *Vital Lies Simple Truths. The Psychology of Self Deception.* (Touchstone, 1985) [Ver Primeira Parte: "Why dimmed attention soothes pain"]

Gottman, John. *The Heart of Parenting: Raising an Emotionally Intelligent Child,* com prefácio de Daniel Goleman. (Simon & Schuster, 1997)

Gray, John. *Men Are For Mars: Women Are From Venus. A Practical Guide For Improving Communication and Getting What You Want In Your Relationships.* (HarperCollins, 1992)

Judith, Anodea. *The Truth About Chakras.* (Llewelyn, 1990)

Laing, Ronald D. *The Politics of the Family.* (Pantheon Books, 1971)

Karpman, Stephen. "Fairy Tales and Script Drama Analysis". *Transactional Analysis Bulletin*, v. 7, n. 26, abr. de 1968.

Milgram, Stanley. *Obedience to Authority.* (Harper and Row, 1974)

Plutchik, Robert. *The Emotions: Facts, Theories and a New Model.* (Random House, 1962)

Salovey, Peter, e Mayer, John, D. "Emotional Intelligence". *Imagination Cognition and Personality.* 1989-90, v. 9, n. 3, p.185.

Stewart, Jan e Joines. *Transactional Analysis Today.* (Lifespace, Reino Unido, 1989)

Steiner, Claude. *When A Man Loves A Woman; Sexual and Emotional Literacy For Men.* (Grove Press, 1978)

———— *TA Made Simple.* (RAPress, 1971)

———— *Healing Alcoholism.* (Grove Press, 1979)

———— *The Warm Fuzzy Tale.* (Jalmar Press, 1977)

———— *Scripts People Live.* (Grove Press, 1974)

———— *The Other Side of Power.* (Grove Press, 1981)

———— "Transactional Analysis and Emotional Literacy Training". *Transactiona Analysi Journal*, jan. de 1996.

Tagney, J.P. e Kurt W. Fisher (eds.). *Self-Conscious Emotions: The Psychology of Shame, Guilt and Pride.* (Guilford, 1995)

Toch, Hans e Kenneth Adams. *The Violent Offender.* (American Psychological Association, 1987)

Van der Kohl, Bassel, A., Alexander C. McFarlane, e Lars Weesaeth (eds.). *Traumatic Stress.* (Guilford, 1996)

Sobre o Autor

Claude Steiner, Ph.D., nasceu em Paris, França, em 1935. Morou na Espanha e no México antes de estabelecer-se nos EUA, onde estudou engenharia e física. Durante um certo período ganhou a vida como mecânico de automóveis, até, finalmente, tornar-se psicólogo clínico da Universidade de Michigan. Foi discípulo e, mais tarde, colega, amigo e colaborador de Eric Berne, psiquiatra e autor de *Games People Play.* Juntamente com Berne, Steiner foi membro fundador da Associação de Análise Transacional. Após a morte de Berne, em 1971, Steiner passou a dedicar-se à teoria e prática da Psiquiatria Radical e seu corolário, a Educação Emocional, tema este por ele aprofundado em livros e periódicos.

Na década de 80, tirou um ano sabático e viajou para a América Central, onde estudou propaganda. Entre 1987 e 1990, foi editor sênior da revista trimestral *Propaganda Review.* Retomou a prática da psicologia com ênfase na Educação Emocional e os efeitos, bons e maus, da tecnologia sobre o espírito do homem. Tem três filhos adultos e dois netos, mora e trabalha em Berkeley e em sua fazenda em Mendocino, Califórnia. Ainda conserta ele mesmo os seus carros e cuida do motor. Dentre seus livros, incluem-se: *Games Alchoolics Play, Scripts People Live, Healing Alcoholism, The Other Side of Power* e *When a Man Loves a Woman.*

e-mail: emlit@igc.apc.org

Homepage: www.igc.apc.org/emlit

markgraph
Rua Aguiar Moreira, 386 - Bonsucesso
Tel.: (21) 3868-5802 Fax: (21) 270-9656
e-mail: markgraph@domain.com.br
Rio de Janeiro - RJ